Psicologia do desenvolvimento religioso

A RELIGIOSIDADE NAS FASES DA VIDA

MAURO M. AMATUZZI

Psicologia do desenvolvimento religioso

A RELIGIOSIDADE NAS FASES DA VIDA

DIREÇÃO EDITORIAL:
Marlos Aurélio

COPIDESQUE:
Thiago Figueiredo Tacconi

CONSELHO EDITORIAL:
Avelino Grassi
Edvaldo Araújo
Fábio E.R. Silva
Márcio Fabri dos Anjos
Mauro Vilela

REVISÃO:
Ana Rosa Barbosa

DIAGRAMAÇÃO:
Érico Leon Amorina

CAPA:
Leonardo Forgerini

© Ideias & Letras, 2015

1ª impressão

Rua Tanabi, 56 – Água Branca
Cep: 05002-010 – São Paulo/SP
(11) 3675-1319 (11) 3862-4831
Televendas: 0800 777 6004
vendas@ideiaseletras.com.br
www.ideiaseletras.com.br

Dados Internacionais de Catalogação na Publicação (CIP)
(Câmara Brasileira do Livro, SP, Brasil)

Psicologia do desenvolvimento religioso: a religiosidade nas fases da vida/ Mauro M. Amatuzzi.
São Paulo-SP: Ideias & Letras, 2015.

ISBN 978-85-65893-87-9

1. Experiência religiosa 2. Psicologia do desenvolvimento 3. Religiosidade I. Título.

15-03402   CDD-200.19

Índice para catálogo sistemático:

1. Desenvolvimento religioso: Aspectos psicológicos 200.19

Sumário

Introdução   **7**

Capítulo 1 – Religião e sentido de vida   **15**

Capítulo 2 – Ensaio sobre o significado   **31**

Capítulo 3 – Fé e ideologia   **49**

Capítulo 4 – Experiência religiosa: **67**
        elementos descritivos

Capítulo 5 – Relatos de experiência religiosa   **93**

Capítulo 6 – Desenvolvimento religioso: **137**
        uma teoria psicológica

Capítulo 7 – Análise de histórias religiosas   **169**

Capítulo 8 – A religião nas diversas fases da vida   **199**

Capítulo 9 – Orientação espiritual e psicoterapia   **227**

Referências bibliográficas   **233**

Introdução

Tradicionalmente se diz que há duas maneiras de ser religioso: por tradição e por conversão. Não vejo que isso seja inteiramente inadequado, principalmente se levarmos em conta nossa realidade brasileira ou latino-americana. Mas será preciso dizer também que essas duas maneiras não são totalmente excludentes. Elas podem estar unidas ou até misturadas. Conversei com muitas pessoas que me contaram suas histórias religiosas. Muitas delas se encaixariam naquele modo de ser religioso por tradição, no entanto, sua posição atual não é sempre desprovida de lucidez e decisão pessoal assumida. O que é muito comum observarmos é que a pessoa tenha uma religião de família que sempre aceitou, mas que um dia resolveu assumi-la de modo mais pessoal e refletido.

Os graus de reflexão e decisão, ou mesmo os graus de consciência da Realidade Última, variam muito. Há pessoas que consideram ter uma determinada posição religiosa simplesmente por seguirem os rituais mais importantes e as normas principais daquela comunidade religiosa, mas quase sem nenhum conhecimento mais aprofundado e reflexão maior. Sentem-se confirmadas somente pela tranquilidade de consciência que decorre de um pertencimento social. Outras pessoas buscam, além disso, uma instrução, um curso, um estudo mais elaborado ou mesmo crítico, e pouco a pouco vão se sentindo mais seguras na doutrina, e mais convictas também, pois conhecem os possíveis porquês.

A isso algumas aliam uma experiência pessoal de encontro com Deus na oração e na consideração dos acontecimentos do mundo e da vida à luz da fé, individualmente ou também em grupos. Num certo sentido, podemos dizer que essas últimas praticam o discernimento da "voz de Deus" nos acontecimentos, e essa "voz" as orienta. Já outro tipo de experiência é aquela de pessoas que abandonaram completamente a religião de família, ou então que nunca tiveram uma experiência pessoal de vida religiosa, e que, apesar disso, um dia vêm descobrir a religião como uma novidade experiencial, quase diria absoluta; e então se convertem a ela passando a orientar toda a sua vida a partir dessa experiência. E também aqui há casos diferentes. A descoberta se refere a algo completamente diferente daquilo que estava em sua tradição familiar, ou então apenas confirma coisas daquela tradição que agora passam a fazer muito sentido.

Gostaríamos de mencionar aqui ainda outra situação. Conheço pessoas que vivem com uma convicção muito forte, uma ligação com um sentido de vida, que enxergam como extremamente valoroso, capaz de afetar tudo na vida, capaz também de lançá-las numa verdadeira militância em favor desse sentido, mas sem que haja nenhuma referência explícita a algo que seria conceituado como religioso propriamente. Quando o empenho e o envolvimento dessas pessoas são máximos nessa direção, quando o investimento de energias é maciço ou muito significativo, então podemos falar de "quase-religião". A pessoa vive aquela orientação como se fosse uma religião. Às vezes até usamos a palavra religião, ou religioso, nesse sentido analógico ou derivado: um torcedor "religioso", por exemplo, ou uma paixão "religiosa". Esse uso linguístico mostra a possível extensão do termo. Para alguns, o marxismo é como se fosse uma religião, para outros, a ciência, ou a psicanálise, ou a música, por exemplo. A isso tudo estamos chamando de "quase-religião", tenha a pessoa consciência desse caráter totalizante de sua adesão, ou não.

Psicologia do desenvolvimento religioso

O que está em jogo é o investimento maciço de energia, como numa religião. É claro que isso coloca problemas: que objeto ou orientação de vida merece tal investimento? Não estariam essas pessoas se iludindo? Mas por outro lado temos que reconhecer a necessidade humana de uma orientação de vida e de uma afeição que nos ligue a essa orientação. Viktor Frankl (2003) falava da necessidade de sentido e Erich Fromm (1974) da necessidade de uma estrutura de orientação e devoção; Blank (2008) retoma o assunto num pequeno livro sobre a busca de sentido nas diferentes propostas filosóficas. Penso que podemos falar de um movimento interior humano em direção a uma orientação, a algo a que se devotar. Esse movimento pode estar mais ou menos abafado, ou mais ou menos realizado. O ser humano busca um sentido para os seus atos, para a sua vida, para o mundo, e o modo dessa busca varia bastante.

Podemos *abafar* a busca de sentido, *produzir* um sentido, ou *descobrir* um sentido: essas três possibilidades também não são totalmente excludentes. Uma pessoa pode ter produzido um sentido de vida e ao mesmo tempo ter abafado partes de sua busca mais genuína; pode ter encontrado um sentido e, a partir dali, pode estar construindo ou produzindo desdobramentos de sentido para sua vida etc. Dificilmente poderíamos dizer que não abafamos em nada nossa necessidade de um sentido, pois muitas vezes camuflamos para nós mesmos toda a extensão dessa necessidade. Dificilmente poderíamos dizer que produzimos um sentido a partir de nós, com autonomia, pois sempre haverá muito de recebido em nossas orientações de vida. Dificilmente poderíamos dizer também que recebemos, quase por uma revelação, tudo o que nos orienta. Não estamos dizendo isso somente para mostrar a complexidade desse campo que nos ocupa aqui, mas também para mostrar que, em matéria de religião, as coisas não se apresentam como sim ou não, simplesmente, como se ela existisse ou não. Há um movimento nesse campo, um movimento experiencial. Podemos aprender, crescer, nos desenvolver, estacionar, ou até regredir. E isso tem certamente a ver com todo o movimento de crescimento humano. Estamos, pois, introduzindo aqui o tema deste livro: o desenvolvimento religioso.

Como ir tornando a vivência religiosa cada vez mais pura e transparente? O que significa desenvolver-se religiosamente? Que movimentos podemos enxergar nesse campo? Reuniu-se aqui alguns textos já escritos por mim sobre o tema ao longo desses últimos anos em pesquisas acadêmicas e no convívio com as pessoas. Acresecentando algumas outras reflexões que faço atualmente. Tem-se consciência de que este livro está muito longe de ser completo. Mas gostaria que pudesse ser uma entrada nesse campo fascinante e complexo. Muito se tem publicado atualmente sobre psicologia e religião, mas pouco ou quase nada no campo do desenvolvimento religioso.

Desenvolvimento não é simplesmente sinônimo de mudança. É uma transformação pela qual se agregam valores; portanto, de certa forma, para melhor. É difícil definir em que sentido a alteração é para melhor. Talvez pudéssemos dizer provisoriamente que é um crescimento em direção a uma complexidade psicológica maior e ao mesmo tempo em direção a um conceito de eu mais realista, flexível, relativo. E isso pode afetar a própria concepção do campo no qual estamos nos movendo.

A linha evolutiva das espécies vai manifestando organismos cada vez mais complexos e cheios de possibilidades. No auge dessa linha encontramos o ser humano, que de longe é o mais complexo, para não dizer o mais complicado, embora não seja o mais forte nem o mais resistente. Nem podemos saber de forma completa o que é que significa para o ser humano se realizar plenamente, tão múltiplas são suas possibilidades. Mas experimentamos em nós mesmos, humanos que somos, o apelo a uma realização que nos faz deixar para trás estruturas já alcançadas. O ser humano é um buscador insaciável. Mas essas buscas não são somente por objetos externos ou pelo domínio do meio ambiente. Há todo um anseio de se conhecer mais plenamente, de decifrar os mistérios da vida, e de se abrir para o outro na comunhão, no afeto, no vislumbre do Outro absoluto. E nisso há um crescimento, sem dúvida. Algumas pessoas caminharam mais que outras, chegaram a uma sabedoria maior. Mesmo que não queiramos classificar pessoas para diferenciar nossos relacionamentos com elas, uma coisa é certa: sentimos que podemos crescer, e algumas pessoas têm mais a nos ensinar sobre isso que outras. Sentimos, enfim, que podemos nos transformar e não apenas transformar o meio ambiente, e essa possibilidade nos fascina. Essa autotransformação ou, se quisermos, essa autotranscendência, do ponto de vista psicológico, pode ser vista como uma compreensão mais adequada do eu, mais conforme aquilo que ele pode ser na realidade. Todo processo evolutivo acaba sendo um aproximar-se dessa realidade misteriosa que nunca acabamos de desvendar, que somos nós mesmos. E do ponto de vista propriamente religioso não é muito diferente: descobrir nossa natureza é descobrir que somos limitados, dependentes, e ao cabo que somos recebidos, como diz Agostinho, é procurando no mais profundo e íntimo de nós mesmos que podemos encontrar Deus.

Esse caminho de crescimento que envolve aprendizagem, autoconhecimento e autotranscendência, e que consequentemente afeta nosso modo de ser no mundo e nosso modo de nos relacionarmos com os outros, tem sido pesquisado há séculos, desde muito antes de existir a psicologia como ciência específica. A psicologia não se apropriou ainda de toda essa sabedoria que se acumula a partir de experiências vividas. Está havendo uma abertura cuidadosa para esse universo de experiências religiosas ao longo da história humana, mas ainda é uma abertura muito tímida.

Se formos procurar nos *sites* de busca da internet, para a expressão "desenvolvimento espiritual" encontraremos centenas de *sites*, e o mesmo para "desenvolvimento religioso". A diferença é que tomando como guia a primeira expressão encontraremos mais doutrinas de crescimento inspiradas em filosofias orientais, no islamismo e em religiões africanas. E tomando a segunda expressão encontraremos mais *sites* de inspiração cristã. É que a palavra "espiritualidade" tem reunido ideias e práticas relacionadas ao crescimento pessoal que não estão vinculadas a instituições religiosas tradicionais no Ocidente, enquanto a palavra "religião" se refere em primeiro lugar a um sistema de crenças, ritos, preceitos, sancionado socialmente e constituindo uma instituição reconhecida que agrega adeptos em uma comunidade de fé comum. Ou pelo menos são essas as conotações dessas palavras quando assim colocadas lado a lado. Mas a palavra "religião" pode designar também o movimento de religação do homem a um sentido último, sendo que esse sentido é, na verdade, a alma da religião externa. Sem a religião interior, a exterior fica sendo somente uma espécie de mecanismo social de controle que explora os sentimentos oceânicos inerentes ao ser humano. E explora no mau sentido, isto é, tende a alienar o ser humano, tende a desviá-lo de seus verdadeiros problemas. Para nós aqui "religião" tem mais esse sentido de religião interior, a alma de qualquer religião externa, sem a qual ela fica totalmente estéril. E nesse sentido ela se aproxima bastante do sentido de espiritualidade. Pois é através dessa religação interior que o ser humano busca se conectar com um sentido último ou com uma realidade última.

Nos capítulos que compõem este livro será fácil identificar quatro partes. Na primeira (capítulos 1 a 3) estaremos preocupados em caracterizar esse movimento interior humano que tem vários nomes: busca por um sentido último, religiosidade, senso religioso. Nós aqui diferenciamos essa inquietação religiosa do que seria a experiência religiosa propriamente dita, e a essa última dedico nossa segunda parte (capítulos 4 e 5). Em seguida, numa terceira parte (capítulos 6 a 8), trataremos do desenvolvimento religioso, olhando para o tema a partir da perspectiva da psicologia. E, finalmente, numa quarta parte (capítulo 9), procuraremos tirar algumas consequências para o aconselhamento, a orientação espiritual e a psicoterapia, diferenciando claramente essas práticas.

Este é um livro de psicologia da religião? Diríamos que sim, mas também que não. Estão reunidas aqui algumas pesquisas de psicologia da religião, sim. Mas, por outro lado, dados, hipóteses e teorias da psicologia religiosa estão aqui colocados num contexto mais abrangente. Busca-se um significado maior, e essa busca é certamente mobilizada por um senso religioso, por uma fé. Sou uma pessoa religiosa, cristã, e busco uma compreensão filosófica para isso, busco dar conta disso no plano racional. No campo da Psicologia da Religião considera-se hoje preferível que o autor se identifique, reconhece-se que a neutralidade é tão mais ilusória quanto mais nos aproximamos daqueles temas centrais que definem a pessoa e os dilemas humanos. O leitor poderá reconhecer minhas preocupações nas entrelinhas do livro. Não há porque esconder. Nesse campo o importante é que sejamos claros, abertos, e sejamos também capazes de ouvir e refletir sobre o que nossos interlocutores têm a dizer. É daí que pode nascer um diálogo genuíno.

O desenvolvimento religioso é um tema complexo e fascinante. Este livro terá cumprido plenamente sua missão se puder ser uma introdução ao tema e provocar o desejo de aprofundamentos e diálogos.

Capítulo 1
RELIGIÃO E SENTIDO DE VIDA

Há uns 12 anos escrevi uma reflexão sobre o sentido psicológico que pode ter a religião e a religiosidade. Fiz isso dialogando com autores como Cassirer, James, Fraas e, principalmente, Fromm. Essa reflexão foi publicada como artigo, em 1999, na revista *Temas em psicologia*, da Sociedade Brasileira de Psicologia. O título completo foi: "Religião e sentido de vida: um estudo teórico".[1] Esse texto cabe muito bem como reflexão inicial neste livro. Com a permissão dos editores da revista, retomo-o aqui, fazendo apenas pouquíssimas modificações no sentido de adaptá-lo à forma de livro.

Essa reflexão representa uma busca pelo significado psicológico da religião, no contexto de uma pesquisa sobre o desenvolvimento religioso (AMATUZZI, 1998 e 1999). Em que se enraíza no interior das pessoas a religião?

---

[1] AMATUZZI, Religião e sentido de vida: um estudo teórico, em: *Temas em psicologia*, n. 2, 1999, vol. 7, pp. 183-190.

MAURO M. AMATUZZI

EQUACIONANDO O PROBLEMA

Cassirer, em um livro clássico de antropologia filosófica, resgata, por trás de práticas mágicas existentes em culturas tribais antigas, uma percepção original da radical unidade das coisas. Diz ele que

> *o homem não entraria em contato mágico com a natureza se não tivesse a convicção de que existe um laço comum unindo todas as coisas – de que a separação entre ele e a natureza e entre as diferentes espécies de objetos naturais é, afinal de contas, uma separação artificial e não real.* (CASSIRER, 1972, p. 153)

É também nesse contexto que o mito adquire um sentido compreensível. Ele é uma forma de aproximação ao significado dos tipos de acontecimentos básicos da vida e do mundo, que pressupõe esse sentimento de unidade, o qual, por sua vez, permite afirmar como real o que o mito narra. "Sem a crença na realidade de seu objeto, o mito perderia seu fundamento" (*idem*, p. 126). A partir daí, no entanto, a religião foi evoluindo. Se antes o passado imemorial e típico era o que explicava e regia a vida, agora a intuição religiosa, sempre baseada num sentimento de unidade de todas as coisas, parece se expressar de outra forma, relacionando-se com vivências presentes, ligadas também com um senso de maior liberdade da pessoa. Cassirer fala de "um sentido mais profundo de obrigação religiosa que, em lugar de ser uma restrição ou compulsão, é a expressão de um novo ideal positivo de liberdade humana" (*idem*, p. 172).

A percepção da unidade subjacente das coisas, para além de nossa lida pragmática com elas, equivale à consciência de uma outra dimensão da realidade, ou, em outros termos, à referência a uma outra realidade, superior e, ao mesmo tempo, mais íntima, identificada com o âmago do ser das coisas.

Por que essa expressão, que corresponde à entrada no campo religioso, se dá para nós hoje como um salto é o que fica claro pela explicação de Meslin (1992). Em muitas línguas e dialetos não existe uma palavra para designar a religião. E isso porque nessas culturas também não é possível separar algo que seja profano.

> *Toda vida, até a mais cotidiana, é uma sequência de atos sagrados. [...] Este termo abstrato "religião", ou qualquer outro equivalente, só aparece na linguagem quando existe uma forma de vida dessacralizada, profana.* (MESLIN, 1992, p. 23)

A religião só apareceu como alguma coisa diferente da atitude comum diante da vida, quando justamente a vida foi entendida como não mais tendo nenhuma relação com o todo interligado das coisas.

Essas visões não deixam de se aproximar daquelas de William James. Segundo ele, as crenças características de toda vida religiosa são basicamente três:

> *O mundo visível é parte de um universo mais espiritual do qual ele tira sua principal significação; a união [...] com esse universo mais elevado é nossa verdadeira finalidade; [...] a comunhão interior com o espírito desse universo mais elevado [...] é um processo em que [...] a energia espiritual flui e produz efeitos psicológicos ou materiais [...].* (JAMES, 1991, p. 300)

Na linguagem de James, o "mundo visível", e o "universo mais elevado", não são, na verdade, dois mundos, mas sim duas percepções da mesma realidade. O significado das coisas que percebemos em um nível mais cotidiano, decorre em última instância, segundo conclui James (1991), de um nível mais profundo dessas mesmas coisas. Nossa vida se pauta por esses significados mais profundos, e isso não é uma abstração, pois existem relações efetivas entre um plano e outro.

Para Hans-Jürgen Fraas (1997), o dado básico que apoia a experiência religiosa é o de que a consciência que temos de nós mesmos não dá totalmente conta do que somos, mas remete-nos a algo anterior. É uma consciência de que, em última análise, somos recebidos.

> *O ser humano sempre já encontra a si mesmo como existente: ele se experiencia como alguém que existe sem ser perguntado, como preestabelecido a si mesmo. [...] (Ele) recebe-se a si mesmo, deve-se a um contexto anterior à sua autoexperiência.* (FRAAS, 1997, p. 90)

No entanto, essa consciência de estar dado a si mesmo se manifesta de formas diversas na prática. Ela pode, em primeiro lugar, ser simplesmente negada, reprimida, ignorada. Diz ele que "a personalidade não precisa obrigatoriamente enfocar o quadro referencial de sua condição de estar dada a si mesma", ela pode "se limitar a fundamentações exclusivamente intramundanas, ou até rejeitar a pergunta pela fundamentação como tal" (*idem*, p. 91).

Uma outra possibilidade é que essa consciência imediata seja aceita, mas "interpretada e estruturada no âmbito de uma vivência prática ou de uma filosofia". Uma vez que o ser humano "necessita de uma ideologia", ele procura uma fundamentação da existência numa cosmovisão "imanente ao sistema" (*idem*, p. 91). Segundo esse autor, não se fala aqui ainda de religião propriamente dita.

A consciência desse estar dado a si mesmo só se torna uma experiência religiosa no sentido próprio do termo, segundo Fraas, quando ela se dá não apenas em termos de uma dependência intramundana, mas em termos "de algo que excede todas as possibilidades da imaginação e que se contrapõe à essência

do ser no mundo como tal [...]: 'Creio que Deus me criou junto a todas as criaturas' ". E ele acrescenta: "Na fé a dependência é interpretada como estar fundamentada em Deus e, assim, se configura" (*idem*, p. 91).

Se dermos o desconto da linguagem teológica, poderíamos dizer que, para Fraas, não basta a consciência de ser dado a si mesmo para que haja uma experiência religiosa propriamente. É necessário que essa consciência seja a de uma relação com um outro absolutamente transcendente. Acrescentaríamos nós que esse outro pode não se apresentar, na consciência da pessoa, como aquele que tem sido denominado "Deus" em sua socialização anterior.

Para Fraas, então, não bastaria uma percepção da unidade de todas as coisas para fundamentar uma experiência propriamente religiosa. A consciência de "ser dado a si mesmo" equivale a uma percepção; mas ela não desemboca necessariamente em uma atitude religiosa. Para isso é necessária uma referência a um transcendente. A fé seria a marca do propriamente religioso. É justamente no âmago dessa questão que um retorno a Erich Fromm pode ser útil.

ESTRUTURA DE ORIENTAÇÃO E DEVOÇÃO

Este conceito de Fromm, "estrutura de orientação e devoção", pretende dar conta da religiosidade sem, contudo, se limitar a ela. Toma a religiosidade, pois, em sua raiz psicológica, ou seja, como necessidade de sentido, e, ao mesmo tempo, de uma dedicação. Mas tal necessidade nem sempre desemboca numa tomada de posição especificamente religiosa.

O ponto de partida de Fromm é uma consideração sobre o planeta não da natureza humana em si, mas da condição concreta que todos compartilhamos como viventes humanos. Os arranjos que o caráter de cada um vai construindo são, de fato, tomadas de posição individuais face a essas condições existenciais comuns.

A primeira dessas condições no homem é "a ausência relativa [...] de uma regulamentação instintiva do processo de adaptação ao mundo que o rodeia" (FROMM, 1974, pp. 42-43). Isso tornaria o ser humano inviável se não fosse a outra condição:

> *Sua consciência de si mesmo como entidade independente, sua capacidade de lembrar o passado, de visualizar o futuro e de indicar objetos e atos por meio de símbolos; sua razão para conceber e compreender o mundo; e sua imaginação, graças à qual ele alcança bem além do limite de seus sentidos.* (FROMM, 1974, p. 43)

Essas características, diz Fromm, "romperam a harmonia" da "existência animal". E aqui encontramos uma das mais belas descrições da condição existencial contraditória do ser humano. Para não termos que transcrever o texto todo, mencionemos, ao menos, alguns aspectos:

> *[O surto da consciência de si mesmo] fez do homem uma anomalia. [...] Ele faz parte da Natureza, está sujeito a suas leis físicas e é incapaz de mudá-las, no entanto ultrapassa o resto da Natureza. Ele é posto à parte, embora sendo uma parte. [...] O homem é o único animal para quem sua própria existência é um problema que ele tem que solucionar e do qual não pode fugir. [...] Todo novo estágio que atinge deixa-o descontente e perplexo, e esta mesma perplexidade impele-o a avançar em busca de novas soluções. Não há um "impulso para o progresso" inato no homem; é a contradição de sua existência que o faz prosseguir no caminho que tomou.* (FROMM, 1974, pp. 43-44)

Ao contrário da afirmação de uma tendência atualizante inata ao ser humano, parte de uma tendência formativa atuante no Universo, Fromm coloca a inquietação essencial do homem bem

ao nível de sua consciência de si, e como uma reação à condição existencial que vivencia como uma contradição. Aprofundando a insatisfação humana básica e o constante buscar que caracteriza o ser humano, ele vai falar das dicotomias existenciais como sendo diferentes das dicotomias históricas. Estas se referem aos problemas concretos com os quais os homens se deparam. Por mais difíceis que possam ser, sempre há a possibilidade de, ao menos, se pensar uma solução. Ao contrário dessas dicotomias, as existenciais não têm propriamente uma solução. Fazem apelo a um outro tipo de atitude. Poderíamos resumir essas dicotomias existenciais de que fala Fromm, em três: o tempo, que é limitado e que assim se opõe à não limitação das aspirações humanas; a solidão, que é inevitável nos momentos mais pessoais da vida, coexistindo com todo desejo de comunicação e pertencimento mútuo; e a morte, que é certa e agride a mais profunda das tendências humanas, voltada para o viver plenamente.

O ser humano, por sua condição existencial, é um insatisfeito. "Mesmo que a fome, a sede e os desejos sexuais do homem estejam completamente satisfeitos, 'ele' não está satisfeito" (*idem*, p. 48). É nesse desequilíbrio que se radica a necessidade do reencontro de uma harmonia, vivida como perdida, e expressada como tal nos mitos do paraíso ou das origens em várias culturas.

> *A desarmonia da existência do homem gera necessidades que ultrapassam de longe as de sua origem animal. Tais necessidades dão lugar a um impulso imperativo para restaurar a unidade e o equilíbrio entre ele e o resto da Natureza.* (*idem*, p. 48)

Tal impulso, no entanto, para Fromm, não precisa ser interpretado como uma "necessidade religiosa intrínseca derivada de poderes sobrenaturais", uma vez que ele pode ser explicado, como acabamos de ver, "por uma compreensão ampla da situação humana" (*idem*, p. 48).

É importante ressaltar que essa busca de restaurar a harmonia e o equilíbrio não se dá apenas no plano do pensamento, através de sistemas mentais interpretativos da condição humana, mas também no plano dos sentimentos e ações.

> *Qualquer sistema satisfatório de orientação implica não só elementos intelectuais, mas também elementos de sentimento e sensibilidade a serem concretizados pela ação.* (FROMM, 1974, p. 49)

E em seguida ele acrescenta: "O devotamento a um objetivo, a uma ideia, ou a um poder transcendente ao homem, como Deus, é uma expressão dessa necessidade de perfeição no processo de viver" (*idem*, p. 49). Se a religião faz algum sentido psicológico, é enquanto ela pode atender a essa necessidade humana de busca de uma harmonia perdida. Aí está sua raiz psicológica.

FORMAS DE RESPONDER À NECESSIDADE DE SENTIDO

No entanto, as respostas históricas a essa necessidade de harmonia, que a humanidade foi produzindo ao longo da história, variaram muito. Fromm as sistematiza em cinco tipos: o animismo, o totemismo, os sistemas ateístas, os sistemas filosóficos e os sistemas religiosos monoteístas.

No animismo as respostas a essa procura de significado são colocadas em objetos naturais portadores de uma alma ou de um espírito que regula seu funcionamento e suas relações. O mundo é "animado" por espíritos. Aí está seu significado derradeiro, e assim se desfaz seu mistério. Se pudermos lidar com os espíritos, recuperaremos ao menos parcialmente o controle. No totemismo algo semelhante se apresenta. O significado se dá através da figura do ancestral pelo qual existimos, o que de certa forma imprime ou molda nosso modo de ser. Daí porque ele é representado e cultuado.

O exemplo de sistema ateísta mencionado por Fromm é o budismo, que originariamente prescindia de uma concepção de Deus e nem se apresentava como religião, mas sim como uma medicina ou prática de cura radical. A condição humana é compreendida em suas dores e sofrimentos através dos ciclos das reencarnações, e a libertação é conseguida com a iluminação (o despertar) encerrando-se esses ciclos. O esquema é, pois, o da compreensão dos males ou contradições da vida, gerando atos libertadores. Os sistemas filosóficos se aproximam disso. São doutrinas de vida, ou métodos, que ensinam o caminho de um viver não perturbado pelos acidentes ou condições naturais. O exemplo dado por Fromm é o estoicismo.

E, finalmente, ele fala dos sistemas religiosos monoteístas que encontram um significado, correspondente à busca do ser humano, por uma referência à concepção de Deus. Nosso mundo não é caótico e absurdo, mas corresponde ao desígnio de um Deus que nos ama e protege, e em quem podemos confiar.

É aqui que Fromm se depara com o que ele chama de uma dificuldade de terminologia.

> *Poderíamos chamar a todos [esses sistemas] de sistemas religiosos, não fosse o fato de razões históricas levarem a identificar o nome "religioso" com um sistema teístico [...] centralizado em torno da ideia de Deus.* (FROMM, 1974, p. 49)

Não deixa de haver uma alusão aqui ao significado mais amplo de religião como "re-ligação". O essencial do termo seria exatamente esse reencontro de um significado básico para a vida (com referência, portanto, a um todo), mas não necessariamente com a postulação de um Deus nos moldes das religiões monoteístas. Até mesmo os sistemas ateísticos, na medida em que dão conta do significado da vida no contexto de algum todo, também podem ser chamados de "re-ligações". Fromm reconhece, porém, que nós não temos, em nossa linguagem atual, uma palavra especial para "indicar o que é comum tanto aos sistemas teísticos quanto aos ateísticos". E o que é comum? É a procura "de dar resposta à busca de significado pelo homem e à tentativa deste para compreender sua própria existência". É por isso que ele cria a expressão "estruturas de orientação e devoção" (FROMM, 1974, p. 49).

Elas podem ser religiosas (no sentido estrito ou teístico do termo), mas não necessariamente (e nesse caso seriam "religiosas" no sentido amplo de "re-ligação" com um sentido último de vida).

O leque dessas estruturas é bastante amplo e não se limita àquelas construções históricas maiores mencionadas anteriormente. A devoção fanática e a intensidade das paixões que por vezes se manifestam no seguimento e na defesa de certas direções de vida que aparentemente nada têm de religioso, ou nem correspondem à "religião" externamente professada pela pessoa, mostram que o investimento de energia que aí vemos, é totalmente abrangente (da vida da pessoa) e envolvente (de sua atividade psíquica). Ou seja, é um investimento "religioso" no sentido amplo do termo que Fromm reconhece, embora não use.

O mundo animado por espíritos com os quais tento me comunicar de alguma forma para ter algum controle sobre o que acontece, com certeza não é coisa do passado, e polariza muitas vidas atuais. Fromm fala de uma fixação à família que pode tornar a pessoa incapaz de agir independentemente. Ele diz que uma pessoa assim se tornou

> de fato adoradora de um culto primitivo dos ancestrais, e a única diferença entre ela e milhões de adoradores dos ancestrais é que seu sistema é individual e não culturalmente padronizado. (FROMM, 1974, p. 50)

Um mundo carente de propostas convincentes que efetivamente mobilizem as pessoas no sentido de uma transformação individual e social, parece ser um terreno fértil para doutrinas e ideologias de todo tipo, com seus apelos de dedicação total. Mesmo quando se apresentam como arreligiosas (no sentido estrito), mobilizam energias religiosas (no sentido amplo).

Todos esses modos de orientação e devoção atendem a uma necessidade básica ligada à condição humana. Fromm considera, entretanto, que eles devem ser julgados quanto à sua veracidade, procurando-se saber "até que ponto favorecem a expressão das forças humanas", e em que grau eles estão sendo "uma solução real para a necessidade do homem de equilíbrio e harmonia em seu mundo" (*idem*, p. 51). É claro que ele não está propondo um tribunal de inquisição. Mas afirma que o fato de termos uma necessidade de significado não quer dizer que qualquer significado atenda a essa mesma necessidade. Daí a importância, poderíamos acrescentar nós, de um trabalho ao mesmo tempo objetivo e subjetivo no sentido da busca e do enraizamento do que possa atender aos anseios mais profundos do ser humano.

Mas como fica a questão do propriamente religioso? Aqui temos que olhar outro conceito de Fromm.

O CONCEITO DE FÉ

A forma como esse conceito veio sendo construído historicamente é parecida com o que aconteceu com o conceito de religião. A palavra fé está associada a Deus e ao sobrenatural. Foi com o aparecimento da ciência moderna e da constituição de um âmbito profano que a fé passou a designar a crença em coisas sobrenaturais, sagradas, fora da ciência. Adquiriu então uma conotação nitidamente conservadora. Os que acreditavam na ciência (a porção mais avançada da humanidade, na época) não podiam ter fé.

> *Naquela época, a luta contra a fé era porfia da emancipação de grilhões espirituais; era uma contenda contra a crença irracional; [essa luta era] a expressão da fé na razão do homem e em sua capacidade para estabelecer uma ordem social governada pelos princípios de liberdade, igualdade e fraternidade. Hoje, a falta de fé é o signo de profunda confusão e desespero.* (FROMM, 1974, p. 170)

É interessante notar como o termo "fé" aparece com dois sentidos diferentes nestas frases: *luta contra a fé* (fé = algo conservador e reacionário), e *fé na razão* (fé = algo progressista e evolucionário). É justamente a falta desse segundo tipo de fé que se tornou atualmente *signo de profunda confusão e desespero*.

Fromm irá propor, então, que a fé seja considerada de modo mais profundo como

> *a atitude básica de uma pessoa, o traço de caráter que impregna todas as suas experiências, que capacita o homem a enfrentar a realidade sem ilusões e, [portanto] [...], a viver por sua fé.* (FROMM, 1974, p. 171)

E ele lembra como o termo era empregado na Bíblia com o sentido de firmeza, designando, portanto, "certa qualidade da experiência humana, um traço de caráter, e não o conteúdo de uma crença em algo" (*idem*, p. 171).

Em outras palavras, a fé originariamente nada tem a ver com religião. Trata-se de um traço de caráter, de uma característica da ação humana: sua firmeza, sua determinação, sua confiança. Sem ela não podemos viver, ou viveríamos mal. Seu oposto é a dúvida como forma de ser.

Fromm dá alguns exemplos do que ele quer dizer. A história da ciência está cheia de casos de fé na razão. Sem a confiança em nosso pensamento nem a pesquisa seria possível. No plano das relações humanas, a fé está presente em qualquer amizade significativa. Precisamos ter fé também em nós mesmos, e sem ela não poderíamos prometer nada, nem nos comprometer com nada. Temos fé ainda nas potencialidades dos outros; um recém-nascido que não recebe a fé de seus pais, a confiança deles, não poderá crescer de forma sadia. A fé da humanidade põe as pessoas em marcha na busca da construção de um mundo onde se possa viver melhor.

Para Fromm, a fé é baseada na experiência produtiva. Ela vai se formando, diríamos, na medida em que experienciamos na prática nosso potencial. A fé na humanidade equivale a algo como dizer: "Somos capazes". Essa é a fé racional. A outra, irracional, se baseia no poder do outro enquanto autoridade que se impõe.

> *Não podemos falar de fé racional quando uma pessoa crê em ideias de amor, razão e justiça, não como produtos de sua própria experiência, mas porque foi ensinada a crer nelas.* (FROMM, 1974, p. 179)

Como pôde aparecer então a fé religiosa? Em primeiro lugar é preciso dizer que ela pode ser um belo exemplo de fé irracional baseada numa "falta de integração da personalidade total e de um intenso sentimento de impotência e incapacidade" (*idem*, p. 172), e, portanto, na verdade, numa falta de fé. Enquanto essa raiz de impotência não se manifestar, explica Fromm, poderão aparecer soluções sucedâneas. Uma dessas soluções é a atividade compulsiva como um alívio temporário. A outra é a "aceitação de determinada 'fé' em que a pessoa submerge" (*idem*, p. 172). E notemos que aqui ele coloca aspas no termo "fé", por se tratar na verdade de algo exterior à pessoa e a que ela se submete como a uma autoridade irracional, em troca de algum benefício.

É um pouco mais adiante que ele falará da possibilidade de uma fé religiosa no sentido racional. Ele afirma primeiro que "como a fé racional é baseada em nossa própria experiência produtiva, nada pode ser seu objeto que *transcenda* a experiência humana" (*idem*, p. 172).

Aparentemente ele está negando a fé racional voltada para uma transcendência. Não é bem assim. Ele dirá que "a religiosa pode ser de qualquer espécie" (*idem*, p. 179), isto é, tanto racional como irracional. Menciona mesmo grupos religiosos "que não compartilham o poder da Igreja", e também "correntes místicas da religião que salientaram a capacidade do homem para amar, sua semelhança a Deus", os quais "conservaram e cultivaram a atitude de fé racional no simbolismo religioso" (*idem*, p. 179). Ele está nitidamente contra uma instituição religiosa que se apoie em seu poder, e não na fé, transformando seus fiéis em súditos impotentes. Mas abre a possibilidade de o simbolismo religioso poder nos transformar realmente. Sob que condição? Ele não o diz claramente, mas do contexto podemos inferir que sob a condição de que esse simbolismo seja experienciado pessoalmente, e não imposto a partir de fora por algum poder de autoridade irracional. Se assim for, mesmo que o símbolo nos remeta a algo transcendente, sua experiência será ainda uma experiência humana e, portanto, passível de uma fé racional. Com efeito, diremos nós, não poderíamos falar de uma experiência religiosa direta, no sentido estrito do termo, sem cair em contradição, pois tudo aquilo que pode caber na experiência de um ser humano, não pode ser transcendente. Através do símbolo, porém, podemos falar de uma experiência humana real, indireta. O que estaria sendo experimentado não seria o transcendente em si (isso seria impossível), mas uma relação cujo polo objetivo permanece misterioso, e é então simbolizado. A fé religiosa se enraizaria então na experiência humana de uma relação que se apresenta como original. É por ela que o ser humano se "re-liga" ao todo, através do símbolo do transcendente.

Isso também poderíamos dizer a partir da consideração do ambiente mental, ou cultura ambiente, anterior à invenção do profano. Aí nesse ambiente, quando a fé significava firmeza, determinação, confiança, Deus estava presente e tudo era solidário. Aliás, foi por isso que o sentido da palavra "fé" pôde deslizar para o religioso enquanto separado do profano. Podemos dizer, então, comentando Fromm, que o termo fé implicitamente aponta para uma firmeza que decorre de estar apoiado no "solo firme" da realidade última, por alguns concebida como Deus. Toda fé humana seria implicitamente religiosa (no sentido de "re-ligar"), pois ela é muito mais um apoio, uma base de operações que se manifesta em atos, do que um conhecimento ou crença intelectual isolada.

CONSIDERAÇÕES FINAIS

Destaquemos alguns pontos mais significativos desse percurso reflexivo.

Com Cassirer nos perguntamos se por trás da religião, até a mais primitiva, não existiria algo como um espanto com a unidade subjacente de todas as coisas. Com James, essa percepção pareceu alçar a um ponto de vista mais abrangente, que permite tocar ao mesmo tempo os limites do todo e a essência da realidade, transformando o significado que atribuímos ao viver. Para Fraas, as respostas possíveis ao contato com essa outra dimensão da realidade não são necessariamente religiosas; e na resposta religiosa existe a referência a um absoluto transcendente.

Erich Fromm vem nos dizer, em primeiro lugar, que essas coisas não são meras curiosidades intelectuais, mas se enraízam na busca humana por um sentido, e por isso envolvem não só pensamentos como também sentimentos e ações. As formas com que a humanidade tem respondido a essas buscas variaram bastante historicamente. Ele sugere que, de todas elas, entretanto, podemos encontrar representações em nossos dias. Desde o animismo, até as formas monoteísticas, passando pelas propostas ateísticas ou simplesmente seculares ou profanas. E isso vale, poderíamos acrescentar, tanto para construções coletivas como para individuais.

Também nos fez pensar que todas essas formas poderiam ser chamadas religiosas não fosse a restrição do termo às formas teísticas. E isso porque todas elas "re-ligam" o ser humano a um significado da totalidade, permitindo por isso mesmo um encontro com o significado de si próprio, num investimento totalizante (religião no sentido amplo).

Quanto à fé, ela é antes um traço de caráter que se mostra com firmeza, determinação e confiança. Sem ela dificilmente viveríamos. Ela se torna religiosa quando seu objeto último é concebido como transcendente e misterioso, a partir da experiência vivida da relação com o todo, tornada possível pelo símbolo.

Essas análises sugerem que religião e sentido de vida não parecem coisas que possam ser explicadas em separado. E cada vez que o foram, ambas ficaram insuficientemente compreendidas.

Capítulo 2
ENSAIO SOBRE O SIGNIFICADO

Neste ensaio procuro mostrar como, na dinâmica de surgimento e aprofundamento do significado, podemos entender a experiência religiosa. O ponto de partida é como vivenciamos o significado das palavras. Em seguida a reflexão se volta para o significado de objetos, fenômenos, acontecimentos. Nossas relações com esses objetos ou eventos podem ser ressignificadas. Coisa parecida acontece com o significado que estamos dando à nossa vida, e aqui ele se apresenta mais claramente como valor. Na dinâmica das ressignificações-revalorizações surge a questão do significado último ou do valor último. Compreende-se a experiência religiosa mais autêntica quando ela representa uma tomada de posição no interior dessa busca pelo significado-valor último, capaz de influenciar a vida toda e clarificar nosso entendimento do mundo. A ausência total de significado é apavorante. A passagem do pavor para a consciência expressa e apaziguante é sentida como busca de reunificação a partir de uma ruptura. Esse processo é no fundo uma busca religiosa.

MAURO M. AMATUZZI

-1-

Entendemos por ensaio fenomenológico uma reflexão baseada na experiência que temos em comum, visando compreender a natureza das coisas ou dos fenômenos (AMATUZZI, 1996). Experiência transcendental pode ter exatamente este sentido: é a experiência que transcende as particularidades individuais e é um bem comum da humanidade. A leitura de Husserl tem impressionado bastante, mais pelo modo de reflexão do que pelos conteúdos. O que propomos aqui não deixa de estar inspirado nesse modo (HUSSERL, 2005).

Sobre o objeto dessa reflexão aqui proposta – o significado – é preciso dizer que, por mais abstrato que ele possa parecer, tem uma relação grande com o que chamo de uma psicologia humana (AMATUZZI, 2008). Poderíamos dizer que essa psicologia em seu trabalho concreto, seja no trato com pessoas, seja na pesquisa, lida com significados, e vai além do meramente fisiológico. E mais: pressupõe que essa seja a melhor maneira de se lidar com o que é propriamente humano.

-2-

Fica mais fácil entender a importância do significado na vida humana começando pela mera consideração do *significado das palavras*. Sabemos espontaneamente o que isso quer dizer: o significado de uma palavra é seu conteúdo, é aquilo a que ela remete como indicação, ou ainda é o objeto que ela representa ou nomeia. E por objeto queremos dizer aqui o que é posto diante da consciência, seja uma coisa estática ou um evento, seja uma realidade do mundo subjetivo (como um sentimento). O significado de uma palavra é o objeto que ela nomeia, mas visto sempre na relação com um sujeito e do ponto de vista de um determinado modo de nomear. "Correr" e "corrida", por

exemplo. Essas palavras se referem ao mesmo objeto, mas designado de modos diferentes, ou a partir de relações diferentes do sujeito com o objeto. "Correr" é verbo: indica a ação de correr. "Corrida" é substantivo: indica o evento tomado como um todo, visualizado quase como um produto: a corrida. O objeto é um só; as maneiras de designar diferem com os tipos de relação que com ele mantemos. Os significados existem, pois, na relação; e expressam seus possíveis diferentes modos.

Objeto é o que está posto diante da consciência. Sujeito é o que está posto não "diante de", mas "atrás de", ou "sob": é o pressuposto da consciência. Objeto é qualquer coisa que um sujeito considera. Sujeito é quem considera. É dessa relação sujeito-objeto que surge o significado.

Já nascemos no meio de um mundo de significados (modos de relação) recebidos da sociedade e da família. Crescendo e socializando-nos, vamos nos apropriando das palavras que já existem em nosso meio e usando essas palavras na comunicação. Com isso também vamos nos apropriando de um mundo consistente de significados, uma estrutura de significados que é implicitamente dada pelo idioma de nossa comunidade. À medida que vamos crescendo, vivendo, atuando no mundo, experimentando coisas, vamos também modificando os significados constituídos e acrescentando novos, ou, até mesmo, vamos criando palavras novas ou usos novos para palavras antigas. E assim somos ativos no desenvolvimento de uma língua e, por extensão, de uma cultura e de um mundo coletivo de significados.

No dicionário, as palavras são formas congeladas de relações vivenciadas. Na vida, elas expressam, quando pronunciadas a cada momento, nossas flexíveis e mutantes relações.

-3-

Também as coisas ou os eventos têm significados, não só as palavras. A palavra "cachorro" significa o animal que todos conhecemos. Mas um animal concreto também pode ter significados particulares para um ser humano. Não que toda sua realidade se reduza a significar algo, como é o caso da palavra: toda consistência da palavra (precisamente enquanto palavra) está em remeter a outra coisa diferente dela mesma enquanto som. Mas toda a realidade de um cachorro não consiste em remeter a outra coisa diferente dele. Quando falamos do significado de um cachorro estamos querendo nos referir a tudo que ele representa para mim ou para alguém; por exemplo, um conjunto de afetos ou lembranças, ou até mesmo um valor. O significado que esse determinado cãozinho tem para mim é diferente, por exemplo, do significado que um outro cachorro qualquer possa ter. E isso porque com ele vivemos juntos um pedaço de vida, passamos juntos por peripécias, criamos um afeto um pelo outro etc. O significado de um objeto está mais ligado à história pessoal do que ao significado de uma palavra. A palavra já está dada com seu significado (se bem que ela possa evoluir com os diferentes usos que pessoas concretas fazem dela). Esse cachorrinho vai construindo seu significado à medida que vou construindo minha história com ele. É como se fôssemos criando uma nova palavra. E de fato criamos. Esse cachorro não é qualquer cachorro: é o meu Totó. Nesse caso a palavra "Totó" é um nome. O nome é um tipo especial de palavra. Ele designa algo particular, individual. O gênero a que pertence esse algo particular tem também um nome, só que esse agora será uma palavra comum; no caso: "cachorro". A palavra "cachorro" designa esse meu cachorro de um modo mais genérico que a palavra "Totó". O que queremos dizer é que também as coisas vão adquirindo significados conforme nos relacionamos com elas (assim como as palavras na medida em que as usamos). Esses significados não são inventados ao bel-prazer. Eles são construídos em dependência das relações que assumimos para com esse objeto. Dependem, portanto, do que fazemos com ele, do que decidimos. No conjunto, esses significados dependem da vida de relações que mantemos com o objeto.

Coisa parecida acontece com as palavras. Na medida em que as vamos usando no decorrer de nossa vida, elas vão também adquirindo significados que se prendem à nossa história. Vimos que é assim que a língua evolui, aliás. Isso quer dizer que as próprias palavras vão acumulando novos significados na medida em que elas vão sendo usadas em nossa vida, ou na medida em que vamos nos apropriando delas nos diferentes contextos nos quais se desenvolve nosso viver. De modo semelhante, nossos sentimentos e nossas lembranças vão adquirindo significados novos na medida em que nossa vida avança e nós vamos mudando nossas relações com eles.

-4-

Sempre soubemos qual é o significado de um determinado objeto ou de uma lembrança? Nem sempre. Muitas vezes um objeto nos é até familiar e podemos até saber que ele tem um significado especial para nós. Mas podemos não saber descrever esse significado. O significado já está lá. Não podemos dizer de forma clara e completa. Nesse processo de dizer, de descrever, estamos *construindo* um significado? Não exatamente. Melhor seria dizer que estamos *descobrindo* o significado que já foi construído. O significado se constrói pela vida que com o objeto temos, individual e coletivamente. O significado de meu Totó depende de minha história com ele, mas também da história de minha família com ele e de meus vizinhos (pois eu me constituo nesse horizonte de relações). O significado que vai se construindo sobre um sistema de saúde (o SUS, por exemplo) depende de minhas experiências com ele e também da experiência da população em relação a ele (não depende somente das declarações oficiais). Digamos que esse seria o significado implícito embutido na própria coisa por causa de suas relações comigo ou conosco. Mas podemos não saber esse significado, embora ele já seja operante. Terei que o descobrir, se quiser saber. Como? Examinando a história de minhas relações com ele e de nossas relações (no plural) com ele. O significado já está dado por tudo isso. Mas terei que o descobrir. E nesse ato de descobrir, às vezes laboriosamente, é que poderei me apropriar dele de modo mais efetivo. Os significados são construídos nas relações, mas uma vez descobertos, eles afetam a própria relação transformando-a. E uma vez que transformam, geram também novos significados.

Na realidade nosso viver, nossas ações e relações, dependem de nossos significados. Essa dependência poderá ser passiva, quando nos submetemos aos significados já prontos sem os termos descoberto, sem os termos expresso ou dito. Quando eles chegam a ser ditos, inicia-se um processo de transformação e então será uma dependência ativa. É nesse caso que cabe dizer que assumimos nossa vida: é quando pensamos, quando procuramos descobrir os significados que a povoam e, então, poderemos criar novos.

-5-

Acho que podemos agora nos perguntar pelo significado de uma vida. Estamos entendendo isso aqui de modo semelhante a "sentido de vida". O que dá consistência ou coerência a esta vida; para onde, de fato, ela aponta. "Significado" e "sentido" são duas palavras muito parecidas. Significado se refere mais à estrutura ou à consistência dessa vida, e sentido se refere mais ao para onde ela aponta. Os significados construídos ao longo de uma vida vão se organizando num sistema que acaba controlando nossas

Psicologia do
desenvolvimento religioso

decisões e ações. Descobrir esse eixo de significados, que construímos com nosso viver, é importante para que possamos ter mais consciência do que nos afeta e, consequentemente, com esse recuo, ter maior liberdade.

O significado de uma vida é, primeiramente, vivido; é o sentido de vida apenas implícito e não ainda colocado em signos. Mas ele pode e deve ser pensado, descoberto, para que o sujeito se torne realmente sujeito ativo. Temos esse potencial. Quando descubro significados que foram sendo construídos ao longo de minha vida e os pronuncio para mim mesmo, posso então tomar posição em relação a eles e transformá-los até certo ponto.

Mas de onde vem essa minha tomada de posição que me leva a significações e ressignificações? Uma resposta genérica seria: vem da própria energia que faz um ser humano ser sujeito lançando-o num âmbito de significados mais conscientes e abrangentes. Vejamos isso mais de perto.

-6-

Se eu percebo que estou orientando minha vida de determinada maneira, então, e só então, posso reorientá-la, isto é, orientá-la de outra maneira. Mas o que me orienta nessa reorientação? É um sistema de significados mais abrangente, um outro âmbito de decisões, um grau superior de valores, digamos assim. Por que mais abrangente? Porque inclui e dá um sentido ao sistema anterior. Mas em relação a esse sistema mais abrangente eu me comporto de forma análoga àquela pela qual eu me comportava nos graus mais limitados de valor e significado. Posso ser passivo diante desse sistema mais abrangente, ou ativo. Posso estar me submetendo passivamente a ele (seguindo-o sem questionar), ou estar me submetendo ativamente, se pudermos assim nos expressar (questionando, tendo consciência dele).

Não podemos nos esquecer aqui que a tomada de posição de que o ser humano é capaz, não deixa de ser algo misterioso. Merleau-Ponty dizia haver aqui uma lei desconhecida ou um milagre (MERLEAU-PONTY, 1971). Não sabemos muito bem como se dá isso, mas podemos experimentar essa possibilidade. Podemos tomar posição. Sabemos disso. Esquecer essa possibilidade é cair na concepção de homem-resultado, já criticada por Merleau-Ponty (1971), quer dizer, ver-nos somente como consequência de determinismos que nos moldam, sem nenhuma possibilidade de sermos sujeitos, sem nenhuma possibilidade de nos relacionarmos dialeticamente com essas influências, quebrando assim seu caráter absoluto. Tal concepção esquece que, no processo ativo de significar (ou de conhecer nossos significados implícitos nos sentidos vividos), vamos adquirindo maior autonomia, vamos nos abrindo a um horizonte maior de escolhas possíveis e, portanto, a novos valores. A outra concepção, que se contrapõe a essa do homem-resultado, é a do homem-desafiado, do ser humano capaz de tomar a iniciativa, de reagir, de influenciar seu próprio destino, de transformar. Permanecer na concepção anterior é deixar de lado a força criativa que nos habita. Existe, pois, essa força, misteriosa, sim, mas inegável porque pode ser experimentada, que nos faz significar e ressignificar o que vivemos.

-7-

Quando passamos de um sistema de valores (operantes, mesmo que não declarados) para outro mais abrangente, graças à conscientização de significados, o que acontece? Intuitivamente descobrimos critérios de outra ordem para comandar nossas ações. Essa outra ordem fica implícita. Mas ela também pode ser explicitada e então nos dar ainda maior autonomia. No processo de significar e ressignificar há uma passagem progressiva para âmbitos mais abrangentes de significado.

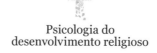

Psicologia do
desenvolvimento religioso

Anteriormente dizíamos que podemos ser passivos em relação a essa ordem mais abrangente ou, então, podemos nos submeter a ela ativamente. Passividade ou submissão ativa. Submissão passiva ou ativa. Trata-se sempre de submissão. Deparamo-nos aqui com um elemento de *aceitação*. À medida que alçamos aos âmbitos mais abrangentes de significado e valor, eles nos impõem de certa forma: não os construímos, mas os recebemos, por assim dizer. Há uma objetividade aqui, a que se tem acesso pelo caminho da subjetividade. As coisas são assim, e a única coisa que podemos fazer é aceitar, ou não.

Com essa objetividade, vai aparecendo também a ultimidade, isto é, passamos a nos perguntar pelo sentido último e mais abrangente. Essa pergunta decorre naturalmente do processo de significar e ressignificar.

Quando descobrimos uma ordem superior de critérios orientadores, intuitivamente nos submetemos a ela. Sentimos quando vale a pena fazer isso, e quando não vale a pena (isto é, quando algo em nós nos diz que cometemos algum engano no processo). A chegada a um valor tal que apela a uma submissão total, é a chegada à entrega, à fé (LIBÂNIO, 2004). Aquilo que aqui e nesse momento estamos chamando de fé, é, portanto, um ato de suprema submissão, e ao mesmo tempo de suprema liberdade. E isso porque seu objeto tem a característica de último e porque o processo que nos levou até ele implicou sempre liberdade. A experiência de lançar-se, de seguir na confiança, contém esses elementos de submissão livre, ativa, e de consciência da ultimidade de seu objeto.

É preciso ainda lembrar que a ultimidade a que se chega não equivale a um conhecimento perfeito e particularizado disso que é último. Trata-se muito mais de um vislumbre; a obscuridade de seu conteúdo se mantém; se quisermos ousar a comparação, é como um toque a partir de fora, um apalpar às cegas.

O que pode haver além disso, está no plano das formulações posteriores, que desdobram as potencialidades semânticas do ato inaugural pelo qual nos lançamos. E essas formulações podem sempre ser menos ou mais adequadas. Temos a convicção de que essas formulações atuais (sobre o sentido último) são extremamente relativas e sujeitas a modificações, muitas ultrapassando o que me é possível prever no espaço de minha vida. Mas sobra uma intuição, que transcende às formulações e lhes serve de critério, que é capaz de guiar. Essa intuição, para além das formulações em sua contingência, é o que orienta o lançar-se à fé.

Precisamos das formulações (por mais relativas que sejam), assim como precisamos de significados; mas nas entrelinhas das formulações vive um critério implícito que é capaz de guiar a própria evolução dos significados, ou a própria evolução cultural.

O homem religioso é o que se deixa guiar pelos significados percebidos como últimos (ou por suas formulações). Já o místico, no sentido positivo que queremos dar a esse termo aqui (RAHNER, 1989), é o que se deixa guiar por aquele critério real que se esconde nas entrelinhas dos significados, e que é capaz de guiar a produção de novos significados. Creio que é por isso que os místicos de religiões diferentes são capazes de se entender, enquanto os meramente religiosos, não. Significados fixados como últimos (com suas formulações mais ou menos rígidas), de um lado; e critério que se esconde nas entrelinhas dos significados (sem formulações ou com formulações muito flexíveis e situadas), de outro.

O tipo de experiência do homem "religioso" é diferente do tipo de experiência do místico. Ambas são experiência, mas o meramente religioso para na metade do caminho; fica no mais superficial. O homem "religioso" não se deixa tanto guiar pelo espírito, mas, muito mais, por verdades prontas que ele acredita ter recebido. Já o verdadeiramente religioso será sempre um místico.

Psicologia do desenvolvimento religioso

-8-

Vimos até onde nos leva o processo de significar e ressignificar. Vejamos agora como esse processo começa; como se dá a passagem do meramente fisiológico para a consciência.

Podemos provisoriamente nomear estágios: o fisiológico, a consciência original (o vivido, o critério-guia), a explicitação de significados que se desdobram (interpretações), as formulações posteriores. Nossa pergunta é pela passagem do primeiro para o segundo estágio. Ela equivale a perguntar como a angústia do não significado é exorcizada. Porque, de fato, a impossibilidade de significar é aterrorizante (em Rogers, noção de ameaça – ROGERS, 1975). Por trás dessa angústia, podemos ver um apelo de significado. É ele que, quando não respondido, vem gerar aquele mal-estar indefinido. Esse apelo é o germe da consciência, pois a angústia do não significado já é um fato de consciência.

Como começa o processo de significar, então? Por um apelo que inaugura a consciência. A experiência primeira "pede" para ser acolhida, integrada. Esse pedido é parte inerente dela. É por isso que nesse estágio ela já tem uma inscrição, ainda que mínima, na consciência.

Mas podemos dizer mais. O significado é um lugar numa rede. A pergunta "o que isso significa para mim", equivale a essa outra pergunta: "como situo isso no meu mundo". Se o significado é um lugar numa rede, um elemento experiencial apenas não é suficiente. Serão necessários no mínimo dois para que possamos falar de relação. Ou talvez até três para que se forme um elo mínimo de uma rede. O que queremos dizer é que o significado supõe a *multiplicidade experiencial*. Para ficar mais claro o que estamos pensando, digamos que temos uma experiência com significados *potenciais*, mas esses significados só se mostram, ou se definem, pela relação com alguma *outra* experiência. No momento da segunda, a primeira se ilumina também. Mas isso é apenas uma imagem. Talvez o começo de tudo esteja numa alteridade. A alteridade elementar: o bebê e a mãe. O elo primitivo. O terror é a ameaça de destruição do elo primitivo, ou a impossibilidade de qualquer elo.

A vivência do elo primitivo, no entanto, não é senão um símbolo de outro elo, mais profundo, de onde o primeiro, aliás, tira sua força; a pessoa vai compreendendo que o que dava força ao elo primitivo era algum outro tipo de relação subjacente a ele. De que se trata? É a experiência da existência como um estar lançado no mundo, na solidão. Não é a mãe que cria o apelo na criança: ela apenas responde a ele. E respondendo, o confirma.

No começo de tudo, então, existe a vivência de estar separado, acompanhada de uma ânsia radical de união ou reunião. É como se originariamente tudo fosse vivido como um, seguindo-se a isso alguma vivência de ruptura que, por sua vez, é seguida de um desejo basilar de "re-ligação". Essa religação ou reunificação se dá, mas de um modo diferente da união primordial: é através de signos que nos unimos novamente, e, portanto, através da vivência de um significado, vivência de um fazer sentido. Os signos fazem a reunião, mas de algum modo preservam a separação. Começa então um caminho de experiências que se acumulam e vão adquirindo significados, cada uma em relação às outras. Vai se configurando um sistema de significados. Cada experiência nova encontra seu lugar nesse sistema, ainda que para isso tenha que haver uma acomodação ou modificação no sistema. Mas justamente essa acomodação representa também crescimento, um horizonte novo. Esse processo de ruptura e reunificação através do signo e da vivência de significados é o processo simbólico que caracteriza o ser humano. Símbolo é o que é lançado junto: *syn-balo* ("lanço junto", do grego). Simbolizo quando reúno.

Se anteriormente vimos como, no horizonte do processo de significação, aparece a possível experiência religiosa, agora vemos a mesma coisa ao examinar as origens desse processo:

no seu âmago existe a vivência de uma ruptura e o apelo de uma "re-ligação".

-9-

Precisamos melhorar nossos conceitos para que nossa exploração fenomenológica possa prosseguir. A experiência que cada um tem é tudo o que ele sabe da vida por ter vivido. Mas precisamos acrescentar: por ter vivido e prestado um pouco de atenção. Um mínimo de atenção, de consciência, faz parte do momento originário da experiência. Em outras palavras: a experiência é tudo que cada um aprendeu, não em livros ou de ouvir falar, mas pela prática da vida; só que esse tudo pode aumentar se a pessoa presta atenção, se ela pensa, se ela reflete. Se os livros podem ajudar é nesse processo de prestar atenção.

A ajuda dos livros é maior quando seus conteúdos são comparados com a experiência pessoal bruta, digamos assim. Nesse caso as leituras se compõem com a experiência e a enriquecem. Mas isso tem um limite: se as leituras não forem alimentadas por experiências, se não houver aquela comparação, elas tendem a criar um mundo ilusório, um jogo de palavras.

A experiência é, pois, definida como conhecimento tácito que decorre de várias vivências. Ela pode ser enriquecida (aumentar em qualidade, não propriamente em quantidade) pela reflexão, pelo pensamento.

Acabamos de falar de experiência e também de vivência. Costuma haver alguma confusão sobre isso. É que a vivência também pode ser chamada de experiência, mas agora não como conhecimento tácito, e sim como contato, como irrupção de uma presença. Essa irrupção, no entanto, não é cega. Ela tem significados potenciais, ela é geradora de experiência enquanto conhecimento acumulado pela prática da vida. Podemos falar, então, de experiência no sentido de conhecimentos acumulados (experiência acumulada, ou experiência resultante); e podemos falar de experiência no sentido de vivência (experiência imediata, ou experiência vivida, contato com uma realidade, irrupção de uma presença no campo da consciência). Não é possível separar esses dois aspectos como se fossem duas coisas completas em si mesmas. No horizonte do processo de significação, portanto, não existe somente uma dedução racional, mas também a irrupção de uma presença. O mundo aparece como algo novo, como uma revelação.

As vivências são interpretadas em múltiplos níveis de elaboração, e é ao serem interpretadas que elas constituem a experiência acumulada. Podemos dizer que não há experiência sem uma interpretação, por menor que seja. Existem vários níveis de interpretação. Mas a ela se compõe com a experiência, modificando-a.

Nesse sentido podemos dizer que a experiência se constitui em dois polos: de um lado, algo se faz presente à consciência; de outro, essa presença tem um significado, um lugar num sistema subjetivo. Contato direto e significado; irrupção de presença e alocação num sistema. Ambos os aspectos são constitutivos da experiência e às vezes podemos usar palavras diferentes, ou expressões diferentes, para chamar atenção a um aspecto ou outro.

Às vezes a presença que irrompe é o mais importante para o sujeito e os significados são implícitos ou potenciais. Outras vezes o significado é o mais importante, a descoberta de um significado novo para o que de alguma forma já estava presente. Exemplo do primeiro: passei por uma *experiência incrível* (o contato com uma realidade é o que se quer enfatizar). Exemplo do segundo: esse é um homem de *muita experiência* (é o saber acumulado que se quer enfatizar).

Notamos que nos dois casos a memória é importante. "Passei por uma experiência incrível": o verbo com o qual me refiro à experiência está no passado. Meu dizer é um lembrar. E mesmo que estivesse no presente (Estou passando por algo incrível), o fato

de me referir a isso já cria um distanciamento. A referência pressupõe uma representação presente em mim. E no outro exemplo (um homem de muita experiência), quando digo "muita" já estou me referindo a algo acumulado a partir de um passado mais ou menos remoto. Isso se compreende se levarmos em conta que o significado se dá na vivência da alteridade ou da multiplicidade. Uma experiência faz sentido em relação a outra. A memória é fundamental: sem ela não há significados.

Na experiência religiosa, por mais original que ela seja, somos dependentes de lembranças na sequência das quais ela surge, e ao mesmo tempo de um coletivo que nos fornece os quadros interpretativos.

-10-

"Tradição de experiência": essa é uma expressão do teólogo holandês Edward Schillebeeckx (2003). Não há experiência sem interpretação ao menos em um grau mínimo. Jean Ladrière (1975) fala de interpretação fundadora, e diríamos, originária. Mas a interpretação supõe um quadro interpretativo, um modelo dentro do qual o vivido adquire seu sentido constituindo-se em experiência. Esse modelo não é exclusivamente constituído pelo indivíduo a partir de suas experiências. Junto ao leite materno, a criança se apropria de quadros interpretativos que estão implícitos na relação vivenciada. E esse quadro também não foi completamente construído pela mãe que dá o leite. Ou seja: os quadros são recebidos culturalmente e nos passam por tradição. O importante aqui (nesse momento de nossa reflexão) é a presença do coletivo. A irrupção de uma presença só é captada dentro de modelos coletivamente recebidos. E podemos encontrar aí a contribuição de grandes grupos culturais e de longos períodos históricos, ou também de pequenos grupos (família, modos de ser regionais, com histórias mais curtas). Aqui o que dissemos sobre os sucessivos âmbitos de valor (que, uma vez acessados, aumentam nosso grau de autonomia) vale também para os modelos interpretativos recebidos. Os padrões culturais evoluem quando alcançamos um olhar crítico sobre eles, o que, por sua vez, depende de necessidades oriundas da própria experiência dos membros de uma cultura (ou subcultura). Essas necessidades não deixam de ser como a pergunta que o pesquisador traz para seu encontro com o fenômeno e que faz o conhecimento progredir ou se expandir. A pergunta do pesquisador não é uma pergunta formal, metodologicamente correta, mas antes de mais nada uma necessidade humana, um apelo. Por isso também os significados são vividos como valores.

O processo de significar e ressignificar não é um processo científico e neutro: ele envolve a pessoa inteira e cada passo é uma tomada de posição. É isso o que quer dizer esta expressão: os significados são vividos como valores. Mas como os quadros interpretativos nos são fornecidos por um coletivo, essas tomadas de posição podem ser vistas também como ocorrendo diante do que nos chega por uma tradição. Múltiplas são as linhas de compreensão do processo de significar que se entrecruzam.

CONSIDERAÇÕES FINAIS

Em que consiste o fenômeno religioso? Por trás dele, como lhe dando suporte, existe o acesso vivido aos âmbitos mais abrangentes de significados. Esse acesso vivido pode ser expresso de mil maneiras, e historicamente o foi e continua sendo. Algumas dessas expressões podem ser mais felizes que outras e em todas elas há uma conexão com o contexto histórico e suas perguntas implícitas. Poderíamos dizer ainda que "as religiões", enquanto instituições mais ou menos rígidas, situam-se no plano dessas expressões elaboradas coletivamente (mais ou menos felizes) daquilo que no fundo é o acesso, primeiro pessoal e vivencial, ao horizonte último. Sem ele a religião se transforma num aparelho grotesco, instrumento de manipulação e dominação de pessoas por parte de grupos dominantes. Em outras palavras: sem a mística, a religião não se sustenta mais (RAHNER, 1989); sem a espiritualidade, a religião se transforma num mecanismo de defesa.

Esse acesso ao horizonte último e transcendente de significados e valores é obviamente intuitivo, não é um raciocínio formal, envolve o ser humano todo, impulsionado por uma necessidade ou um apelo, sentido interiormente como premente. É um ato daquela dimensão humana pela qual somos seres inacabados, abertos, em busca de novos horizontes. Poderíamos também dizer que é nesse ato que se configura a religião, agora concebida no sentido menos institucional, de re-ligação. Corresponde ao encontro do homem com os significados últimos. É claro que isso é situado histórica e culturalmente. Mas esse revestimento histórico cultural é o meio que temos para esse acesso.

Se isso é verdade, podemos dizer que existe no ser humano uma detectável tendência a caminhar em direção a esse âmbito mais abrangente de significados e valores. Mas, e é importante dizer isso, essa tendência pode ser permitida (deixada solta, acreditada) ou pode ser interrompida. Os que a interrompem, se forem pessoas intelectualmente bem desenvolvidas – os "bright" –, podem até dizer que ela é uma aberração, que tem um caráter ilusório para o homem, e que não há como, no estágio atual da humanidade, se ver coletivamente livre desse mal. Pessoalmente estamos pensando que essa tendência é uma consequência natural e lógica de todo o processo de significar desde sua origem. E afirmar isso equivale a afirmar que o ser humano é naturalmente religioso, isto é, um ser em busca de uma "re-ligação" fundamental, sentida como perdida. Mas por que a humanidade não se entende no plano religioso? Aqui temos também uma resposta diferente da dos "bright".

Esses desentendimentos decorrem de ficarmos na superficialidade do fenômeno religioso, nas expressões doutrinárias rígidas, nos rituais ultrapassados, nas estruturas autoritárias, e não nos deixarmos guiar pelo critério subjacente que é, no entanto, apenas como uma luz que ilumina o caminho à frente, mas que não se mostra em si mesma.

Capítulo 3
FÉ E IDEOLOGIA

Este capítulo foi publicado originalmente na revista *Psicologia: reflexão e crítica* (da UFRGS), em 2003, com o título "Fé e ideologia na compreensão psicológica da pessoa"[2]. Com a permissão da revista, retomo-o aqui sem alterar seu conteúdo, apenas adaptando-o a essa nova publicação. Eis o resumo do artigo:

Estudo teórico que visa discutir fé e ideologia como dimensões psicológicas da pessoa influenciando sua ação. Segue os caminhos de uma reflexão fenomenológica sobre a experiência. Fé e ideologia aparecem como dimensões complementares e não opostas. A fé diz respeito à ligação com os fins visados, mas não ainda experimentados, e a ideologia diz respeito à visão de mundo consequente a essa ligação com os fins. São examinados diversos âmbitos da experiência de estar em processo: o individual, o de grupo, o social, o ecológico e o universal. Fé e ideologia manifestam-se em todos os âmbitos. A fé se torna religiosa, implícita ou explicitamente, quando se

---

2 AMATUZZI, M.M. Fé e ideologia na compreensão psicológica da pessoa. *Psicologia: reflexão e crítica* (UFRGS), n. 3, 2003, vol. 16, pp. 569-576.

faz experiência da indagação pelo significado último. Daí se segue também uma ideologia abrangente. Ambas terão influência sobre todos os demais âmbitos da experiência. A psicologia não pode desconsiderar os estados da fé e da ideologia se quiser ser um conhecimento do humano.

U m questionamento da fé e da ideologia tem interessado pessoas sensíveis à problemática religiosa, e também aquelas abertas à importância do político na vida humana. Nos dois casos existe também uma pergunta subjacente: por que a psicologia não fala dessas coisas?

De qualquer maneira as palavras "fé" e "ideologia" não pertencem ao vocabulário usual de nossa ciência, não constando da maioria dos dicionários especializados (como os de RYCROFT, 1975; GOBBI & MISSEL, 1998; GAUQUELIN, 1980; mas, por outro lado, ver FOWLER, 1992; SHAFRANSKE, 1996; MASSIMI & MAHFOUD, 1999; PAIVA, 2001). "Fé", remete mais, obviamente, a um vocabulário religioso, e é empregada por adeptos, pregadores ou teólogos. E "ideologia" remete talvez mais a um vocabulário de tipo sociológico, ou então político. Não são termos usados para descrever psicologicamente uma pessoa.

Podemos nos perguntar o porquê disso. Talvez respondamos dizendo que a fé se pronuncia ativamente sobre um sentido de vida, traz significados sobre o mundo. E não cabe à psicologia se pronunciar sobre tal coisa. O mesmo se poderia dizer da ideologia. Não cabe à psicologia dizer se uma ideologia é correta ou não, mas somente investigar que função está tendo na organização do comportamento pessoal ou social. É por isso, talvez, que esses termos são substituídos por outros mais gerais e sem conotação religiosa ou política. Fala-se de "motivação" (o que move a pessoa), ou de "valor" (valor vivido, ligação com um objetivo supostamente ainda não presente). E fala-se de "cognição" e de "crença" (afirmações acerca da realidade, vividas pela pessoa, não importa se verdadeiras ou falsas) (ver, por exemplo, EIGENHEER, 2002; MASLOW, 1970).

Não estaríamos perdendo alguma coisa com isso? A pessoa politicamente motivada quer discutir a correção de uma ideologia; quer poder mostrar, por exemplo, as armadilhas que ela contém no que diz respeito à realidade objetiva, quer entender como ela veio se formando, atendendo a quais interesses, e se pergunta se a psicologia não tem realmente nada a dizer sobre isso. A pessoa religiosamente motivada espanta-se, de forma análoga, com a ausência de um espaço na psicologia em que possa considerar essa sua preocupação. Afinal, onde se enraíza na alma humana a esperança do que é pressentido como felicidade para si e para todos? Isso não é importante psicologicamente falando?

Para alguns, provavelmente essas seriam falsas questões. A psicologia é como todas as demais tecnologias; como a odontologia, por exemplo. Ela tem seu âmbito específico, e é aí que trabalha. O dentista não precisa saber da fé que anima a pessoa para tratar de seus dentes. E nem tampouco de sua ideologia. Mas para outros, isso não basta. O ser humano não pode ser olhado assim por partes isoladas.

Aparentemente, a fenomenologia veio trazer uma resposta para essas inquietações (ver, por exemplo, VAN der LEEUW, 1964). Se não posso como psicólogo me pronunciar sobre o conteúdo de uma fé, ou de uma ideologia, é certo, no entanto, que essas atitudes são experiências vividas pelas pessoas. A psicologia pode então explorar essas vivências, e através delas os "objetos" a que se referem. Quando intencionais, isto é, formas de relação, as vivências de fé, ou de ideologia, tem seus referentes objetivos que não podem ser deixados de lado em sua consideração. A fé se refere àquilo que efetivamente anima a vida de uma pessoa ou lhe dá um sentido, e a ideologia àquilo que a orienta na prática em suas decisões sociais e a representa como uma estratégia para realizar aquele sentido. Só se faz psicologia verdadeiramente humana se reconstruir essas relações, olhando seus dois polos, e o significado que têm para a pessoa.

Ou deveríamos admitir que a psicologia não pode chegar a ser uma ciência verdadeiramente humana? Nesse caso, em vez de falarmos de fé e ideologia na compreensão *psicológica* da pessoa, diríamos simplesmente fé e ideologia na compreensão da pessoa. E aí sim, sem a psicologia, estaríamos mais à vontade para considerar e compreender o humano. Seria assim?

Juan Luis Segundo (1997), um teólogo latino-americano, tem uma sugestão sobre a conceituação de fé e ideologia que pode ser bastante interessante para nós. Para ele, fé e ideologia são duas dimensões complementares da experiência humana. A primeira diz respeito à relação com o fim, e a segunda refere-se à ligação com os meios. A fé, no sentido antropológico do termo, portanto como fé humana, é, segundo ele, uma relação com o fim visado e que dinamiza todo o processo de ir em direção a ele. Seria a determinação, a firmeza, que dá toda energia ao agir. Mas ela não substitui a consideração específica dos meios. É preciso que a pessoa olhe a realidade concreta e objetiva pela qual deve passar no dinamismo de sua ação motivada, sob pena de frustrá-la totalmente. Para essa consideração específica dos meios, ele reserva o termo "ideologia", não sem reconhecer que isso não é muito usual. Ideologia, na acepção mais ampla e geral do termo, é anterior ao seu uso como doutrina errônea e subserviente a interesses de classe. Seria como a racionalização, no que ela significa de positivo, antes de querer dizer uma espécie de engano intencional sobre as verdadeiras razões para se fazer alguma coisa. Para ele a ideologia é a consideração do que está no caminho, como realidade presente, e que só pode ser feita por aquele que já é atraído por um objetivo futuro e, portanto, ainda inexistente, e não experimentado (mas já atuante).

Psicologia do desenvolvimento religioso

A fé seria então a ligação com o esperado, a determinação da ação, o vivido de uma opção que mobiliza todo o ser. Diz Segundo (1997): é uma "determinada estrutura de sentido e de valores que cada um constrói para dar significação à sua existência dentro do real" (*idem*, p. 93). Todos nós temos uma fé, que é aquilo que dá sabor a nossa existência. É a aposta de cada um, que o faz viver. Dizer que o ser humano precisa de significação é dizer que ele constrói uma fé.

Isso, no entanto, não quer ainda dizer que essa fé seja religiosa. Ela pode se tornar religiosa em função de sua intensidade, associada à totalidade e abrangência de seu envolvimento. Diz ele:

> *A fé "religiosa" não se caracteriza como tal por crer em outra coisa que a [fé] antropológica. Potencialmente, crê no mesmo, mas de um modo específico. Quase poderíamos dizer que é um grau de intensidade, de totalidade ou de certeza na aposta, à qual pode ou não chegar à fé antropológica.* (SEGUNDO, 1997, p. 92)

A fé se torna "religiosa" quando cremos "totalmente", mesmo que não haja nenhuma referência a uma divindade. A acepção popular do termo (como quando se diz "sigo religiosamente essa norma", ou "sou um torcedor religioso") já aponta para essa dimensão de totalidade. A abrangência e o envolvimento totais da fé que se tornou religiosa, no sentido próprio, remetem a um sentido universal. Mas justamente por ser universal, esse sentido não é verificável empiricamente. Comparar com o que, se ele se refere ao todo? Se tudo está aí incluído, não posso ter nenhum recuo. E, no entanto, há na experiência humana essa possibilidade na construção do sentido. Deixando-nos levar pela lógica interna da questão do sentido, partindo de sentidos mais corriqueiros (o sentido de eu fazer tal coisa de tal modo, por exemplo), acabamos por esbarrar no horizonte, no último (o sentido de minha vida, o sentido do mundo). Mas nesse horizonte temos uma totalidade abrangente ao máximo. Sendo dados sobre a realidade global, diz Segundo, "transcendem toda experiência" (1997, p. 28). Podemos tocar essa totalidade no plano dos significados, podemos pensar nela, mas aí, diríamos, é ela que nos absorve (e não nós que a dominamos). Quando o ser humano chega nesse nível experiencial, podemos falar de fé religiosa no sentido mais próprio do termo. Embora o grau de abrangência seja diferente da simples fé humana, não é uma diferença considerável no que diz respeito à natureza psicológica do ato. Trata-se sempre de uma determinação, de uma energia de ação. Retomando uma expressão já citada aqui, eis como ele se expressa:

> O verdadeiramente importante é a determinada estrutura de sentido e de valores que cada um constrói para dar significação à sua existência dentro do real. Que essa fé seja ou não religiosa – e mesmo que, sendo religiosa, mencione Deus ou não, explicitamente – constitui, sim, uma diferença, mas não a diferença central. (SEGUNDO, 1997, p. 93)

Ou seja: existe uma continuidade entre a fé simplesmente humana e a propriamente religiosa, que faz com que possamos dizer que ela, em sua generalidade, é um fenômeno intrinsecamente humano. Sempre temos uma fé, mesmo que não seja religiosa. Necessitamos de uma fé. Isso é inerente à condição e à experiência humana. Minha fé é meu sentido de vida. É meu "sistema de orientação e devoção", diria Fromm (1974) (ver, neste livro, capítulo 1).

Acontece, no entanto, que só essa ligação com o sentido, só essa determinação que anima a ação, ainda não é suficiente para dar conta do agir. É necessário ainda olhar a realidade, respeitando-a como ela é, e assim encontrar o caminho concreto por onde realizar aquele sentido. À dimensão da experiência que aparece quando faço isso, quando considero os meios, a realidade presente, a partir da ligação com os fins, é o que Segundo chama de "ideologia". Dom Quixote tinha uma fé, mas não tinha uma ideologia bem construída, diríamos. Sua vida tinha um sentido, mas ele não soube olhar a realidade concreta à luz desse sentido. A ideologia é o "como lido" com "o que é" (como construo a realidade), à luz de meu "como deveria ser" (que é dado pela minha fé), explica o nosso autor (*idem*, p. 22). A fé seria o que "escolhemos" (como valor último), e a ideologia, o que " 'percebemos' na realidade [...] que estamos obrigados a manipular" para viver (*idem*, p. 23). A fé nos liga aos fins visados; a ideologia constrói o mundo pelo qual devemos passar para atingir esses fins. E se ela o fizer sem respeitar a realidade objetiva desse mundo, nossa ação estará fadada ao fracasso.

É um estranho uso da palavra ideologia? Nem tanto. Ela é um sistema de ideias e razões (um "conjunto articulado de ideias"), construídas a partir da realidade, e que se contrapõe a um "sistema de valores" como um outro tipo de registro. O âmbito da ideologia é o da realidade objetiva já dada, e ela se atém a dados concretos e verificáveis, por mais que tudo isso esteja na dependência de um sistema de valores. Eis como o diz Segundo:

> *Ideologia designa [...] uma visão das coisas que se pretende objetiva e [...] livre [...] de valores, embora ninguém tenha a ilusão de que os conhecimentos, por mais científicos ou sublimes que pareçam, não estejam condicionados, de uma outra maneira, a valores e propósitos humanos.* (SEGUNDO, 1997, pp. 22-23)

Notemos bem a expressão: os conhecimentos, por mais científicos que sejam, estão condicionados "de outra maneira", isto é, não pelo condicionamento que lhes vem simplesmente de seu objeto e pelo qual eles são ditos precisamente "conhecimento", mas sim por "valores e propósitos humanos". O âmbito do conhecimento é diferente do âmbito dos propósitos ou dos valores. No entanto, eles se relacionam, sem dúvida, principalmente no contexto da ação concreta. Mas, ao mesmo tempo em que o valor, ou propósito, dizem respeito ao fim visado e ainda não presente, o conhecimento diz respeito ao real presente, e se pretende objetivo. Ele não é desejo, tendência, sentido, fé; ele não pode ser um "gostaria". Corresponde a uma outra função.

É com base nisso que Segundo entende o uso marxista do termo ideologia. Esse uso

> apoia-se em que as ideologias pretendem essa objetividade sem possuí-la, já que sempre estão a serviço de interesses (sociais) que deformam a percepção do real. [...] Marx usa, assim, o termo "ideologia", [precisamente] porque a acepção comum do vocábulo pretende deixar de fora a esfera dos valores. (SEGUNDO, 1997, p. 23)

A função de construir ideias sobre a realidade (que é a função de conhecer), é, em si mesma, comandada pela realidade, e não pelos valores envolvidos em nossas escolhas. Mas como esses valores estão sempre concretamente presentes (porque todo ato de conhecimento toma consistência num determinado contexto), essa construção de ideias é sempre passível das deformações que lhe vêm do contexto. Nesse sentido, as ciências, que são conhecimentos objetivos, são ideológicas, apesar da objetividade pretendida (porque elas sempre existem no contexto concreto de uma ação que é determinada por escolhas). É como a racionalização, que é um conceito mais usado em psicologia: ela também depende daquilo que pretendemos.

E Juan Luis Segundo conclui então chamando atenção sobre esse "falso lugar comum, segundo o qual os homens se determinam uns pela fé e outros por ideologias" (idem, p. 23), como se alguns fossem religiosos e outros políticos. Segundo ele, "a análise da existência humana mostra que fé e ideologia são dimensões humanas [...] universais e complementares" (*idem*, p. 23). E diríamos, "psicologicamente" complementares, isto é, ambas necessárias. Se isso for verdade, portanto, será mais justo pensarmos que todos temos uma fé (embora nem sempre religiosa) que é o que nos liga a um fim visado (a energia e determinação de nosso agir), e todos temos uma ideologia que é a visão de mundo, a construção mental da realidade, a forma de organizarmos nossa ação concreta.

É interessante notar que essa maneira de pensar parece vir de muito longe. Um pensador medieval, teólogo também, Tomás de Aquino, pode ser lido sob essa luz. Ele está mais interessado na fé propriamente religiosa, obviamente. Mas, se podemos supor que exista uma continuidade entre fé humana (dinamismo em relação a um sentido) e fé religiosa (quando esse sentido é polarizado por um absoluto, e ao mesmo tempo totalmente envolvente), o que ele diz sobre a fé religiosa pode ser lido sob a luz mais genérica da fé em geral, enquanto uma dimensão psicológica humana. Pois bem, para designar essa ligação com o sentido, entendida como um dinamismo (e não apenas cognitivamente), ele vai falar de "fé" e não de "religião". Na verdade, ele fala de um dinamismo mais complexo que inclui também esperança e ligação afetiva. Na linguagem de sua teologia: fé-esperança-caridade, designando um todo, que só se desintegra em situações anômalas (AQUINO, séc. XVIII/trad. 1980, pp. 1-46). O curioso aqui, em todo caso, é que ele não fala de religião, mesmo em se tratando, como é o seu caso, de fé em Deus. Onde ele vai falar de religião? Em outro lugar, quando trata das virtudes morais (*idem*, p. 81 e segs.). Ora, as virtudes morais são as que equilibram nossas ações na realidade concreta em que vivemos, no que diz respeito aos caminhos tomados para dirigirmo-nos ao fim visado, e, portanto, dizem respeito aos meios ou instrumentos na realização do fim. Para ele, a religião é a virtude que regula o bom funcionamento do culto prestado a Deus.

Não se trata da própria relação originária com Deus, e sim do justo culto prestado. Mas o que significa isso ao nosso problema aqui? Significa que a fé (ou o conjunto fé-esperança-caridade) se refere ao dinamismo em relação ao fim visado, e religião se refere aos atos concretos através dos quais organizamos nosso caminho em direção ao fim. Ou seja: "fé-esperança-caridade" está do lado da "fé" de que fala Segundo, e "religião" está do lado da "ideologia". Parece surpreendente essa conclusão, mas devemos ousá-la: a religião, na linha do pensamento de Tomás de Aquino, é um fenômeno de ordem ideológica. Fé e ideologia são dimensões complementares da experiência humana.

Mas é preciso agora que situemos a fé propriamente religiosa, compreendendo como ela surge, e como se articula com a ideologia. Um conceito vai nos ajudar nessa segunda parte de nossa conversa. É o conceito de "processo". Como se dão os processos humanos nos diversos âmbitos da experiência? Estarei retomando aqui uma intuição que já comecei a expressar em um outro lugar (AMATUZZI, 2001).

No âmbito individual como se dão os processos? É uma expressão comum entre psicoterapeutas: "meu paciente, ainda não entrou em processo". O que significa "entrar em processo" se os atendimentos já começaram? Poderíamos formular a frase de um modo paradoxal para evidenciar o que queremos dizer: "apesar de o 'processo' terapêutico já ter se iniciado, meu cliente ainda não entrou em 'processo' ". A mesma palavra aí está usada em dois sentidos obviamente diferentes. O processo, já iniciado, é uma relação de duas pessoas, cujos encontros se repetem sistematicamente. O processo que não se iniciou ainda é algo mais pessoal e profundo. A relação externa já começou, mas a mobilização interior, o questionamento do modo de ser, a dúvida ativa e assumida sobre os padrões subjacentes aos comportamentos, não começou ainda. No sentido mais profundo, "processo" refere-se a uma mobilização interior. No sentido mais superficial, refere-se à sequência de eventos externamente verificáveis em uma relação.

Quando se instaura o processo num sentido mais profundo? Quando a pessoa "entra em si", estabelece um contato ativo com seu centro, e a partir daí se abre para as experienciar, de modo mais sintonizado e reflexivo, o que a vida lhe oferece. Trabalhando em grupos populares aprendi a chamar esse centro pessoal de "coração". Mas cuidado: o coração não é o sentimento, e sim o lugar onde nasce o sentimento. E é também o lugar onde nascem o pensamento, os juízos, as decisões. Ou seja: coração é o lugar onde sentimento, pensamento e decisão não se separaram ainda. É esse o "centro da pessoa", na linguagem de Buber (1982). Processo, num sentido mais profundo, é o que se dá quando a pessoa entra em si, abre seu coração, e passa a funcionar a partir dele.

Quando se dá o processo pessoal no sentido profundo, a pessoa está mobilizada. Existe dentro dela um dinamismo que a faz avançar. Ela busca, como que, guiada por um instinto. Não se trata de algo meramente fisiológico, pois já é da ordem das significações, da consciência. Isso que anima a pessoa, essa certeza implícita que é mola de seu movimento, é sua fé atuante, fé no sentido geral, humano, do termo. E o que ela enxerga de si e do mundo, em meio a esse movimento, é sua ideologia: a construção que ela faz do mundo à luz desse dinamismo. É justamente a perda de contato com o centro pessoal, ou com a energia básica emanando daí, que torna nossas construções interiores frágeis e passíveis de deformações a serviço de interesses alheios a esse centro.

Passemos agora do âmbito individual para o grupal. Ainda é possível falarmos de dois tipos de processo nesse nível? Parece claro que sim. O processo grupal, no sentido externo ou superficial do termo, seria a sequência de mudanças ocorridas num determinado grupo em função dos acontecimentos que se abatem sobre ele. Uma classe na faculdade, no último ano, não

MAURO M. AMATUZZI

é mais a mesma que era no primeiro ano: uma série de coisas aconteceram nesse percurso que determinaram essas mudanças. Mas isso não significa ainda que no último ano essa classe seja um "grupo que se tem nas mãos", um grupo plenamente constituído como grupo ativo. Só quando isso tiver acontecido é que poderíamos falar, a partir daí, de processo num sentido mais profundo. Quando os participantes se comunicam de forma aberta uns com os outros, e todos juntos tocam o "centro do grupo". Esse "centro do grupo" é a fonte do que Wood chamaria de sabedoria grupal (ROGERS, WOOD, O'HARA e FONSECA, 1983). Quando ele é tocado, decisões grupais são tomadas do melhor modo possível, mas sem que necessariamente haja delas uma formulação racional expressa para todos. Algo acontece, não contra as pessoas, mas justamente com elas e por elas, de um modo que ultrapassa os processos racionais expressos. Wood chega a dizer que o acesso experiencial a isso supõe a renúncia a um excessivo desejo de controle racional. O processo grupal, no sentido superficial do termo, ocorre contra as pessoas ou, ao menos, apesar delas. Num sentido mais profundo, o processo só pode ocorrer com as pessoas. Assim entendido, os processos grupal e pessoal estão intimamente relacionados. A comunicação pessoal aberta no grupo instaura uma novidade. Há uma superação do individual, mas uma afirmação da pessoa (que se reassume mais profundamente nesse contexto grupal). A renúncia a um excessivo controle racional (e com uma comunicação aberta) vem a ser a soleira de um outro âmbito da razão: a sabedoria do grupo, que já estava lá de forma latente, e agora pode emergir para que todos usufruam dela. É um outro tipo de racionalidade, não mais sediada no indivíduo separado, mas que supõe pessoas em relação.

Há aqui também (quando o processo grupal se instaura) uma fé que move o grupo como um todo, e pode ser experimentada como um âmbito diferente de experiência, se bem que integrado ao âmbito pessoal. Essa fé grupal com certeza favorece o surgimento

das decisões coletivas. E há aqui também uma ideologia do grupo, que é o que implicitamente está presente nas decisões, como discernimento, percepção de realidade no que se refere aos caminhos. A perda dessa grupalidade viva possibilita o surgimento de ideologias falsas ou inautênticas no grupo, e mesmo, de uma "fé grupal" imposta de fora. Nesses casos não estaria havendo processo grupal no sentido de um grupo que se assume.

Podemos agora passar a um âmbito mais abrangente, e nos perguntar se ainda é possível falar de dois níveis de processo no social. Está fora de dúvida que acontecimentos externos a uma sociedade podem se abater sobre ela e determinar mudanças em seu corpo. Mas como poderíamos falar, nesse âmbito, de processo num sentido mais profundo? Uma sociedade "que se tem nas mãos" certamente não é impensável, se bem que talvez não encontremos exemplos maiores disso na história. Mas o que ela é como possibilidade, e quais as condições inerentes a isso? Ao que tudo indica também aqui deve haver um pressuposto de comunicação aberta, no caso, dizendo respeito ao bem comum, ao bem de todos. Essa comunicação, embora não seja constituída de confidências individuais (nesse nível já não cabe), permanece sendo pessoal quando vinda do centro da pessoa. É da manifestação plena dos membros de uma sociedade no que diz respeito ao bem comum, que pode nascer uma outra consciência, uma consciência comunitária. É claro que tal manifestação deverá driblar as armadilhas dos jogos de poder (política, num sentido menor do termo), e chegar a uma real atenção ao que é comum (política, num sentido próprio). Bem mais complexo, surge, como possibilidade, um outro âmbito de racionalidade, que transcende os anteriores. A sabedoria grupal nesse novo nível teria outro nome. Talvez "alma de um povo". É do contato com ela que poderão surgir soluções novas. Mas isso pressupõe a existência de um processo interno, constituinte de um povo que se assume como dono de seu destino. Pergunto-me se o termo "sociedade" já não se torna ambíguo nesse ponto. Parece-me que um verdadeiro processo social (no sentido mais profundo de processo) mereceria o nome de comunitário, pois se baseia numa comunicação aberta entre as pessoas no que diz respeito ao bem de todos. Um verdadeiro processo social, que fosse mais que uma série de acontecimentos que se abatem sobre um povo, seria, na verdade, um processo comunitário (BUBER, 1987). E aqui, de novo, não haveria oposição entre desenvolvimento pessoal e desenvolvimento comunitário. Eles estariam, na verdade, integrados. Uma pessoa que entra em processo terapêutico, mas isso não tem repercussão nenhuma em sua consciência comunitária, na verdade está se iludindo: o que está acontecendo com ela não é profundo.

Existe uma fé coletiva, que anima um povo, e que é o contexto no qual florescem as "fés" individuais. E a visão do mundo que é suscitada por ela, é uma ideologia coletiva também. Mas isso não passa de arremedo ou disfarce enquanto não houver uma comunidade que se tem nas mãos, enquanto não houver verdadeiro processo comunitário.

Poderíamos dar um passo além falando de um âmbito maior? Um processo ambiental? Aqui há um salto qualitativo importante. Mas dele também poderíamos ter uma visão superficial. O meio ambiente padece as consequências de fatos externos a ele, vindos do ser humano muitas vezes. E o contraprocesso seria: "vamos preservar a natureza antes que seja tarde". Podemos notar aí escondido, um pressuposto epistemológico: o homem se coloca no centro, como "dono" da natureza, podendo usufruir dela a seu bel-prazer. E então, face às ameaças de perder "seus" bens, luta para preservá-los. Reverter esse pressuposto, mudar esse ponto de vista significa deixar de se considerar "dono", e passar a se ver como parte. Isso vai longe. Uma das consequências será um verdadeiro senso de reverência para com a terra (nossa mãe). Essa reviravolta também não se dá sem a superação da ideia de que tudo tem

Psicologia do desenvolvimento religioso

um preço. O velho índio teve dificuldade de entender o presidente dos Estados Unidos quando este lhe propôs que "vendesse suas terras". A terra não pertence ao homem. Como pode ser vendida por ele? É, pelo contrário, o homem que pertence a ela. E por isso o que acontecer à terra, acontecerá a ele. É um outro ponto de vista a partir do qual se dá um outro conhecimento.

No seu sentido mais profundo o processo ecológico não é pessoal, nem social, mas ambiental. O sujeito desse processo é o meio ambiente, a natureza. O que o ser humano pode fazer é inserir-se nele, reconhecendo-se como parte. É nessa inserção que surge para ele um novo tipo de racionalidade. Em linguagem poética diríamos que essa mudança de ponto de vista não se dá até que aprendamos a conversar com as árvores. Só a partir dessa inserção é que não fica absurda a afirmação de que, por exemplo, os remédios dos quais precisamos (para curar nossas doenças) podem ser encontrados no meio ambiente que frequentamos. Eles estão geograficamente perto de nós, mas é preciso saber ver. Só nos inserimos nesse processo ambiental com esse novo tipo de comunicação. E isso porque não se trata de um processo humano que inclua o meio ambiente, mas de um processo ambiental que inclui o ser humano. Esse está, agora, engolfado num processo maior. Há algo de profundamente humano que transcende o humano, se me permito a expressão paradoxal. A renúncia implicada já não é simplesmente a de um excessivo controle racional, mas a renúncia a um determinado conceito de si. Já não se trata de alargar homogeneamente um âmbito, mas de uma radical mudança de ponto de vista.

Só é possível mudar de um ponto de vista antropocêntrico para um verdadeiramente ecológico por meio de uma fé ampliada, decorrente de uma experiência de comunhão com a natureza. E ela também nos faz mudar o olhar com que vemos o que está diante de nós: uma ideologia mais ampla. Sem essa experiência só podemos pensar num retorno a níveis anteriores, no qual a ideologia não passa de uma ideia pré-fabricada a serviço de outros interesses; e a fé deixa de ser um dinamismo que nasce em integração com o meio.

Fica, no entanto, uma insatisfação. Integrar-se ao meio ambiente, isso é tudo que o ser humano pode esperar? Ao que parece, não tocamos ainda o horizonte. Poderíamos falar de um processo universal? E, para o ser humano, ao se integrar conscientemente nele, de um processo espiritual? Há dois caminhos nesse momento. Ou voltamos para o nível anterior ao ecológico e dizemos que o homem se esgota no social, ou damos um passo além e começamos a pensar o quase impensável. O todo. Existiria um processo universal para além do ambiental? A cultura humana, em todo caso, tem relacionado o religioso (e o espiritual) com o acesso a esse nível de processo. Contudo é certo que podemos pensá-lo de forma superficial. Elimino as angústias existenciais, ou os medos provocados pelos modernos "pregadores", com a adesão a uma religião que me convenha. E se ela vier a se revelar não mais conveniente, troco de "religião". Isso seria o "processo religioso": mudanças que se abatem sobre minha vida a partir dessas adesões ou "migrações" ideológicas. Mas esse conceito se revela, de novo, superficial. O que Buber designa com a palavra "espírito" é a capacidade que tem o homem de sair de si, de transcender-se, e assim encontrar-se a si mesmo e sua verdadeira vocação. Espírito é relação (BUBER, 1982). Seria possível pensarmos em processo, num sentido profundo, nesse nível, um processo em que o ser humano possa situar-se, entregando-se, sem perder sua humanidade?

O sujeito desse processo (nesse último nível) já não é o ser humano, nem mesmo o meio ambiente, e nem a sociedade, mas sim o todo, o universo, tudo que existe, como unidade. O humano fica engolfado por esse todo em sua abrangência absoluta. A participação propriamente humana nesse processo só pode ser uma nova e totalmente original forma de relação. Não se trata

apenas de uma nova visão das coisas, ou de um novo sentimento abismal. Enraizada no centro da pessoa, essa relação tem como polo "externo" o todo absolutamente inclusivo. Daí sua originalidade, e, se quisermos, sua espiritualidade. É uma relação com o todo, percebido como unidade, e, portanto, com seu centro de consistência. Isso, na linguagem de Segundo, inclui um "dado transcendente", isto é, não passível de verificação empírica, como é óbvio. O que pode o ser humano fazer em relação a esse processo universal que o transcende, é inserir-se conscientemente nele, por uma relação que se consuma numa entrega absoluta. É nessa "entrega absoluta" que o ser humano toca seu limite, encontra-se consigo mesmo, e pode, por fim, viver e morrer humanamente. Ela dá, pois, um sentido para a morte, mas também para a vida (AMATUZZI, 1998). Essa relação de entrega terá inevitavelmente uma repercussão em todos os outros âmbitos anteriormente considerados: o viver pessoal, a integração no grupo e na sociedade, a verdadeira consciência ecológica.

A meu ver essa entrega absoluta é a fé propriamente religiosa (seja o "centro do universo" nela nomeado ou não). E aquela repercussão nos outros âmbitos todos, é a ideologia, ou seja, a visão de mundo que decorre desse dinamismo mais radical. Todo homem acaba tendo uma fé central, e uma consequente ideologia. E quando se fecha a isso, fica vulnerável a todo tipo de significados pré-fabricados, vindos de fora (mesmo que sejam "religiosos"). Isso equivale a dizer que, na medida em que o homem se isola, ele perde seus sentidos mais profundos e abrangentes, e enlouquece.

Se assim são as coisas, parece-me evidente que fé e ideologia são conceitos necessários para se dar conta do humano. Uma psicologia que não chegasse aí estaria ainda distante de seu objeto, que é o ser humano. E mais, uma prática terapêutica que se restringisse aos mecanismos individuais, sem levar em conta os outros âmbitos de processo envolvidos, ou assume que não passa de um receituário pragmático, o que às vezes pode ser útil, sem dúvida, ou estará efetivamente prejudicando o humano, e criando uma ilusão de cura ou integração pessoal.

Capítulo 4
EXPERIÊNCIA RELIGIOSA: ELEMENTOS DESCRITIVOS

Quando entrei no grupo de pesquisa sobre psicologia e religião (da Associação Nacional de Pesquisa e Pós-Graduação em Psicologia), o tema que eu buscava estudar era a experiência religiosa. Em que consiste essa experiência? Eu pretendia então elaborar conceitos, articulando-os teoricamente, e ao mesmo tempo colher depoimentos de pessoas que tivessem vivenciado essa experiência. Dois autores foram particularmente significativos para mim nesse momento: Miklós Tomka, um sociólogo que me ajudou a compreender como, e em que condições, a experiência religiosa ainda podia ser uma experiência respeitável em tempos pós-modernos; e Martin Buber, um filósofo, que me ajudou a compreender em que consiste essa experiência quando autêntica. E quem me ajudou a fazer a ponte com a psicologia foi principalmente Erich Fromm com sua ideia de "estrutura de orientação e devoção", que tem a ver com a necessidade de um sentido de vida. Resultou daí um artigo publicado na revista *Estudos de Psicologia* (da PUC-Campinas).[3] Com a permissão

---
3 AMATUZZI, M.M. Experiência religiosa: busca de uma definição. *Estudos de Psicologia* (Campinas), 15(1), 1998, pp. 49-65.

MAURO M. AMATUZZI

da revista, retomo aqui esse artigo, fazendo algumas modificações para adaptá-lo a essa nova publicação na forma de livro. Quanto ao depoimento colhido, ele será objeto do próximo capítulo livro.

O interesse pelo olhar da psicologia sobre a espiritualidade e a experiência religiosa tem aumentado bastante ultimamente, como demonstram as numerosas referências a artigos publicados em revistas científicas, ou a livros cadastrados nos últimos números da Psychological Abstracts. Helminiak (1996) menciona que um levantamento a partir de 1986 até a data em que foi feito seu artigo, dá acesso a mais de mil referências cadastradas nos termos *spirituality* e *spiritual*. Refazendo esse levantamento para o período de 1991 a março de 1997, encontrei: para *religion* 2043 referências, para *religious* 3329, para *spirituality* 751, para *spiritual* 1123, para *God* 604 referências, para *religious + experience* 142 referências, e para *God + experience* 118 referências.

Por outro lado, num trabalho recente meu sobre psicologia na comunidade (AMATUZZI, ECHEVERRIA, BRISOLA & GIOVELLI, 1996) ficou clara a importância do sentimento religioso, ou mesmo da experiência religiosa, nas atitudes pessoais em relação ao desenvolvimento humano. As pessoas que se envolvem em serviços comunitários frequentemente têm em sua motivação um componente religioso. Isso que parece particularmente válido no contexto de comunidades latino-americanas, é confirmado também pela experiência de quem por aqui atende pessoas em psicoterapia: quase sempre que se chega aos pontos centrais da organização da personalidade, ou ao "centro da pessoa", como diria Buber, surge o tema religioso de modo mais ou menos explícito.

EXPERIÊNCIA AUTÊNTICA?

Miklós Tomka, professor de Sociologia Religiosa e, em 1989, presidente do Hungarian Religious Research Centre, em artigo do final da década de 1990 (TOMKA, 1997), caracteriza a fragmentação do mundo da experiência na época moderna, permitindo-nos situar a experiência religiosa em um contexto cultural mais abrangente.

Antes da Modernidade, segundo ele, predominava uma visão de mundo imutável, submetido a condições constantes. A consciência histórica que possa ter surgido no espaço cultural greco-romano e judeu-cristão, por não estar associada à velocidade de desenvolvimento que hoje experimentamos, não interferia na sensação de imutabilidade do mundo. As condições técnicas disponíveis "limitavam as possibilidades da vida – e tornavam-nas previsíveis". As relações sociais eram fixas e normalmente não questionadas. A rede social era capaz de "controlar e vigiar a vida na sua totalidade", e ao mesmo tempo de "oferecer proteção e segurança pessoal". Vivia-se assim num mundo estável, unificado e, em certo sentido, fechado. "A cultura recebida dos ancestrais era transmitida e imposta pelo sistema social organizado, contribuindo, por sua parte, para a integração e para a unidade da comunidade" (*idem*, pp. 12-13).

Nesse contexto a religião tinha uma função de "apoio adicional" dessa visão mais ou menos fechada, face aos "desafios do desconhecido e do inexplicado, bem como das contradições e das contrariedades da vida" (*idem*, pp. 13-14). "O mundo fragmentado das experiências foi cimentado pela fé religiosa e pela experiência religiosa" (*idem*, p. 14). Poderíamos dizer, quem sabe, comentando o pensamento de Tomka, que fé religiosa (enquanto adesão a um sistema) e experiência religiosa (como experiência) se apoiavam e se confirmavam mutuamente.

Segundo Tomka, uma das características do mundo que se seguiu a esse, preparando o advento da Era Moderna, foi a ampliação dos horizontes espaço-temporais.

> *Os horizontes da experiência e da apreensão do mundo começaram a dilatar-se ao infinito. As grandes descobertas fizeram de todo o globo terrestre o espaço vital do homem. Conhecimento e sentido da realidade desligaram-se das vivências pessoais e se tornaram independentes. As ciências passaram a ser os protagonistas da cultura moderna.* (TOMKA, 1997, p. 15)

O mundo foi perdendo em unidade e ganhando em diversidade. No entanto, um grande esforço foi despendido em se preservar a unidade e, na linha do tempo, a continuidade. Surgiu, então, a ideia de evolução: mudança e diversidade puderam ser compreendidas, num outro tipo de unidade, como fases de um único processo.

> *A ideia de evolução transmitiu não apenas o conceito de crescimento, de enriquecimento, de surgimento de algo novo, mas também de um evoluir sobre o mesmo tronco, de uma conexão que não sofreu ruptura.* (TOMKA, 1997, p. 16)

No plano político, também, a expansão do mundo europeu para outros continentes foi vista como "empenho missionário cristão, e depois, com o aumento das relações entre as nações e culturas, amadureceu a visão da comunidade de destino da humanidade" (*idem*, p. 17): de novo a preservação da unidade. Mas

> *a ordem divina do mundo foi substituída por regras cósmicas e universais, e, não obstante, inteiramente mundanas. Em lugar do Deus que conserva e dirige os mundos entra o homem que domina as leis.* (*idem*, p. 18)

Essas são características da época moderna.

O que há de novo em nosso mundo atual, segundo Tomka, em nossa época pós-moderna, é que "apesar de toda coerência lógica, nosso mundo de experiências se decompõe em fragmentos" (*idem*, p. 18). E ele menciona a crescente mobilidade, a independência dos subsistemas em que vivemos, o pluralismo, a convivência de culturas (muitas vezes denominadas por suas diferentes tradições religiosas). Dando continuidade à movimentação das grandes viagens e descobertas, temos agora a mobilidade social e geográfica em função do trabalho, principalmente. A mudança e a pluralidade passaram a ser as marcas de nosso mundo. Daí algumas consequências importantes: o espaço ambiente e o mundo perdem sua unidade orgânica; o passado já não nos traz evidências diante da multiplicidade de alternativas; a pessoa fica dividida nas diferentes áreas em que sua experiência se desenrola. São aspectos da fragmentação de nosso mundo. Diante desse espetáculo "ninguém mais pode se dar ao luxo de considerar a própria tradição como a única correta. [...] A gama de concepções do mundo e das posições religiosas possíveis torna-se sempre mais rica" (*idem*, p. 22).

Essa experiência fragmentada da vida produz reações diferentes. A primeira delas: "O homem passa a ser simplesmente um expectador" (*idem*, p. 20). Um sentimento de impotência acaba produzindo um fatalismo nessa não participação. Embora a ciência e a técnica continuem com seu prestígio (e, com elas, a "nova casta sacerdotal de especialistas"), "já não se acredita talvez mais em ninguém", e se tenta manter os controles através de regras pragmáticas. "A rotina é transformada numa vaca sagrada, porque não existe nenhuma outra coisa (ou outra pessoa) que pudesse ser sagrada para alguém" (*idem*, p. 23).

A segunda reação mencionada por Tomka é a rejeição do mundo que está aí. Por exemplo, através da criação de "ídolos particulares. A própria pessoa, o poder, a carreira profissional, o sexo e o prazer passam a ser os centros aos quais tudo é referido" (*idem*, p. 24). Outros se afastam de qualquer participação mais ativa em termos políticos, e "recolhem-se à vida privada" passando a "ser meros consumidores". E carregando sempre a sensação de estarem sendo enganados (*idem*, p. 24). Outros ainda podem ser levados a construir um mundo à parte com um subgrupo cultural com o qual se identifiquem mais (que se pense nas "tribos" de nosso mundo). Tomka fala também de um aspecto agressivo que essa rejeição pode adquirir, seja individualmente pelas reações pessoais, seja como grupo, face àquilo que foi rejeitado, ou àqueles que o foram.

A terceira reação, que parece ser a mais positiva, é descrita por Tomka em termos de aceitação da fragmentação como ela se mostra, e tentativa de lidar com ela a partir de uma integração pessoal.

> *Apesar da crescente complexidade do mundo que a envolve, a pessoa pode preservar sua integridade. Para seu comportamento ela pode impor como medida seus próprios valores e critérios. Porém, para isso ela necessita de uma decisão que nenhuma instância pode tomar em seu lugar. E tem que ter consciência da transitoriedade desta decisão.* (TOMKA, 1997, p. 26)

Ele comenta isso enfatizando dois pontos. Um, é que embora a fragmentação da experiência não possa ser superada inteiramente no plano do conhecimento, é possível encontrar para ela "uma moldura que a sustente", e isso seja "no relacionamento entre as pessoas" (e ele cita aqui o princípio dialógico de Buber), seja também na "relação religiosa entre Deus e sua imagem terrestre" (o homem). E o outro ponto se expressa nestas palavras com as quais ele termina seu artigo: "a fragmentação da experiência da vida só pode ser enfrentada por pessoas que possuem capacidade de decisão" (*idem*, p. 27). Uma relação humana pessoal e profunda, e uma relação religiosa que não negue o humano, podem ser atualmente apoios da pessoa diante da experiência da fragmentação de seu mundo. E ainda é necessária uma estrutura pessoal forte, que se mostra como capacidade de decisão face a uma ausência de direção única por parte do mundo e face à resistência do sistema diante de posicionamentos pessoais.

Podemos concluir que, para Tomka, as experiências religiosas na linha das duas primeiras reações à fragmentação do mundo (reação de negação, tornando-se expectador do mundo; e reação de rejeição, criando um mundo à parte) seriam experiências religiosas mais defensivas. É na terceira reação à fragmentação do mundo (aceitação do mundo como se nos apresenta e posicionamento perante ele a partir de um polo pessoal de integração) que se poderia pensar em uma experiência religiosa mais autêntica em nossa época pós-moderna. Estaria ele com isso relegando à inautenticidade tanto as formas de religiosidade anteriores à Modernidade, quanto as que decorrem das reações de negação e rejeição do mundo atual? Tomka não explicita isso, mas, creio eu, sugere que, se a experiência religiosa em sociedades pré-modernas podia se sustentar apesar de a religião ter uma função de apoio ao sistema, isso, em nosso contexto atual, já não é mais possível. Ou seja, o testemunho religioso a ser considerado por uma pessoa que se faz presente a nosso mundo atual, há de ser o daquele que aceita o espetáculo deste mundo como ele se manifesta, e assim mesmo toma posição ativa e participante nele, a partir de um centro pessoal de integração.

Pudemos, assim, situar uma possível respeitabilidade dessa experiência em nosso mundo. Mas o que é essa experiência em si mesma? Antes de buscarmos uma descrição, é preciso, porém, esclarecer em que sentido estamos tomando alguns conceitos.

CONHECIMENTO E EXPERIÊNCIA

Por que falamos de experiência religiosa e não de conhecimento religioso? O termo *experiência* normalmente é usado para designar não qualquer conhecimento, mas aquele obtido na prática, na lida concreta com objetos particulares, e não nos livros ou no mero exercício dedutivo da razão raciocinante. A partir daí o termo pode ser usado para designar o conhecimento que faz parte da relação vivida com o objeto e lhe constitui a consciência imediata. Como tal inclui dois aspectos: consciência do contato e consciência de significados aí contidos implicitamente. Um "homem de experiência" é uma pessoa que "sabe" muito, a partir da vida, por ter passado por muitos acontecimentos e reagido a eles. Mas isso não significa que ele possa dar boas aulas sobre isso. Significa, isso sim, que ele tem mais condições de reagir adequadamente diante de situações parecidas. Ou seja, a experiência é um conhecimento imediato, e ao mesmo tempo transporta um conhecimento tácito. Isso é diferente de uma dedução intelectual, embora possa originar uma reflexão ou uma elaboração posterior (ver, por exemplo, BRUGGER, 1987; VAZ, 1986; MESLIN, 1992).

Poderíamos também dizer que falamos de experiência para não nos referirmos basicamente às elaborações intelectuais produzidas, em si mesmas consideradas, mas à base que as precede e que é a única responsável pela ligação dessas elaborações com a realidade. A partir daí o termo se aplica também às elaborações, mas não quando isoladas em si mesmas, e sim em sua relação com aquela base e, portanto, impregnadas de realidade. O que guia as elaborações baseadas na experiência é muito mais a própria realidade do que a lógica das ilações formais.

Uma entrevista que pretende captar a experiência vivida, deve clarear para a pessoa entrevistada os significados mais originais de sua experiência, não por imposição de estruturas de pensamento, mas por um retorno à origem propriamente experiencial da experiência, como que conferindo suas posteriores elaborações com essa origem.

A expressão "experiência religiosa" se refere, pois, ao aspecto imediato, do conhecimento religioso, como consciência do contato e suas significações potenciais; não se refere, a não ser secundariamente, às elaborações intelectuais posteriores.

EXPERIÊNCIA RELIGIOSA E EXPERIÊNCIA DE DEUS

Segundo Henrique de Lima Vaz "a experiência religiosa é uma experiência do Sagrado e a experiência de Deus é uma experiência do Sentido" (VAZ, 1986, p. 249). Sobre a primeira ele explica:

> *Na experiência do Sagrado o polo da presença define-se pela particularidade de um fenômeno, cujas características provocam, no polo da consciência, essas formas de sentimento e emoção que formam como que um halo em torno do núcleo cognoscitivo da experiência e que análises clássicas como as de Rudolf Otto procuram descrever.* (VAZ, 1986, p. 249)

E ele está se referindo, com certeza, ao temor reverencial da experiência do Sagrado. Mais adiante ele esclarece:

> *Se dissemos que a experiência religiosa ou experiência do Sagrado não é necessariamente uma experiência de Deus é porque o religioso ou o Sagrado resultam da função simbolizante do homem nesse terreno que se estende entre o fascínio e o temor do que é incompreensível ou misterioso. Todas as zonas de interrogação e espanto [...] do homem e do mundo são matéria de experiências religiosas ou sacralizantes.* (VAZ, 1986, p. 250)

Ou seja, a experiência do Sagrado se dá face ao desconhecido e misterioso, manifestando-se em eventos particulares, provocando interrogação ou espanto, e sendo expresso numa linguagem simbólica. Mais adiante ele dirá que

> *a característica essencial da experiência religiosa como experiência do Sagrado [...] é a transgressão do histórico e a passagem a um espaço e a um tempo mitogenéticos (onde o mito nasce necessariamente como discurso sobre o Sagrado).* (VAZ, 1986, p. 254)

E quanto à experiência do Sentido, ele diz: "o que caracteriza a experiência de Deus é que ela experimenta, nesse espaço (circunscrito pelos limites do mundo, do outro e do eu), uma presença onipresente, a presença mesma do Sentido radical" (*idem*, p. 252). Ou seja, no espaço limitado da experiência humana como experiência das coisas do mundo, das relações interpessoais e das relações consigo mesmo, experimentamos uma presença que está em toda parte e da qual depende o sentido último das coisas. E ele diz que é uma "experiência absolutamente única", pois se trata "de uma presença que não se desvela". E continua:

> *O desvelamento de uma presença no espaço da experiência é sempre o recorte de uma particularidade no fundo indeterminado dos sentidos possíveis. Mas na experiência do Sentido radical, estamos diante de uma presença analógica (na acepção rigorosamente filosófica do termo) que torna possível o desvelamento de toda presença particular. Com efeito, nenhuma presença particular pode, por definição, ocupar o campo total do sentido. Por isso mesmo o Sentido radical, como presença onipresente, é rigorosamente transcendente a toda presença particular. E como as presenças particulares não se somam numa totalidade de sentido, o Sentido radical é a um tempo presente e absolutamente transcendente. No entanto, ele não é inexprimível ou inefável e eis por que podemos falar de uma experiência de Deus.* (VAZ, 1986, pp. 252-253)

Em suma, a *experiência do Sagrado* (experiência religiosa) se dá quando o desconhecido e misterioso irrompem em nossa consciência a partir de acontecimentos particulares que provocam interrogação e espanto. Há uma mudança no estado da consciência e na percepção desses acontecimentos. Essa experiência transporta seu sujeito para um tempo e um espaço diferentes do espaço-tempo vivenciados no dia a dia. A linguagem expressiva nesse caso será bem diferente da linguagem racional, científica, aproximando-se mais da linguagem poética, metafórica, simbólica. Já a *experiência do Sentido radical* (experiência de Deus) se dá no espaço e no tempo da experiência humana comum do mundo, das relações inter-humanas, e da relação consigo mesmo, como uma forma de contato com uma presença transcendente, que está em toda parte, e que confere um sentido último a todas as presenças particulares, e que é passível de ser expressa na linguagem especificamente humana da expressão do sentido, e, portanto, uma linguagem racional.

Embora a rigor distintas, essas duas experiências (a do sagrado e a do sentido último) historicamente se misturam. Segundo Vaz, a experiência religiosa foi expressa frequentemente em termos de uma teologia e, portanto, em termos de um sentido último polarizado pela experiência de Deus, e essa, por sua vez, foi frequentemente associada a uma religião.

Michel Meslin (1992) parte dessa situação concreta em que as duas experiências se misturam e se integram, e por isso não as separa da mesma forma que Vaz. Para ele, o sagrado aparece como lugar de manifestação do divino. No sagrado, segundo ele, "reside uma força eficaz, manifestação de um poder divino, uma energia substancial e criadora" (*idem*, pp. 79-80) que, no entanto, não é sempre compreensível. Por manifestar essa força, o homem espera que as coisas sagradas "exerçam uma influência sobre sua própria vida e que aí introduzam a ordem, a consistência, a coesão daquilo que ele julga ser o real"

MAURO M. AMATUZZI

(*idem*, p. 81). Assim sendo, a própria vida assim experimentada constitui para o homem "o lugar e o meio de experiências mediatas do divino" (*idem*, p. 81). A partir daí Meslin pode afirmar que

> *não é por essência, mas segundo a consciência do homem, que o sagrado e o profano existem. O objeto sagrado é sempre da mesma natureza que as outras realidades do mundo. Ele nada tem de absoluto em si. Só a relação que o homem pode estabelecer entre esse objeto e um "incondicionado misterioso e transcendente" [é que] lhe confere a qualidade de sagrado. (MESLIN, 1992, pp. 81-82)*

Ou seja, o *sagrado* é alguma coisa mundana, que tem seu lugar natural neste mundo, porém percebido na sua relação com o *divino*, e, portanto, na manifestação desse divino.

Quanto a saber que coisas mundanas são escolhidas como manifestação do divino, isso, diz Meslin, é histórico, e, portanto, sujeito a contínuas mudanças (*idem*, pp. 82-83). E ele dá um exemplo atual. O Sagrado

> *pode ser vivido como uma reação violenta contra uma certa ordem moral ou política e contra o caráter por demais técnico de nossas sociedades pós-industriais. Ele se torna, assim, uma contracultura. (idem, p. 83)*

E ele acrescenta:

> *Sob as múltiplas fisionomias que a história lhe empresta, o sagrado é, pois, esta parte do mundo que o homem associa, mais ou menos simbolicamente, à experiência que ele pode ter do divino, essa realidade transcendente que lhe fica em parte sempre oculta. (MESLIN, 1992, p. 84)*

Para Meslin, a "experiência religiosa é uma captação do Infinito divino [...] no mortal" (*idem*, p. 94). Ela "consiste", pois, em "conhecer a própria vida no sentimento imediato desse ser infinito e eterno" (*idem*, p. 95). Trata-se de um "sentimento de dependência absoluta" (*idem*, p. 97). A ideia de Deus é a expressão desse sentimento de dependência;

> *ela constitui o primeiro resultado reflexivo, a primeira conceitualização da consciência religiosa [...]. É a experiência que o homem tem de seu ser criado que está na origem de toda a ideia de Deus.* (*idem*, p. 97)

Mas essa experiência só se desdobra e prossegue se houver uma adesão ao polo oculto (embora pressentido) da relação vivenciada. Segundo Meslin, "diante do fenômeno religioso a única atitude possível era se abrir [...] para um real que é portador de um sentimento oculto e ao mesmo tempo revelado ao homem" (*idem*, p. 98). Assim sendo, "a experiência religiosa [...] se torna a resposta do homem a esse poder misterioso, a esse divino que se revela" (*idem*, p. 90). Existe, pois, um aspecto dinâmico e processual da experiência religiosa. Ela é uma experiência que começa, mas só pode ir adiante com um envolvimento do sujeito.

Meslin e Vaz, por caminhos diferentes, nos trazem, no entanto, aspectos descritivos dessa experiência original para o homem. Com um olhar diferente o homem pode de repente perceber nos objetos e acontecimentos mundanos uma relação com o divino que está em seu âmago mais profundo. A partir daí, ele pode iniciar uma vida de diálogo religioso com essa fonte do ser e do significado radical.

MAURO M. AMATUZZI

A INQUIETAÇÃO RELIGIOSA

Convém diferenciar ainda a experiência religiosa propriamente dita (ou a experiência do sentido radical), da inquietação religiosa. Essa última é a experiência das dimensões do vazio que nos habita, seja ele aceito como mola propulsora de uma busca que não sabemos onde vai dar, seja ele negado por um raciocínio simples, segundo o qual se trataria no fundo de uma sensação ilusória decorrente basicamente de nossa própria capacidade de pensamento abstrato. Dessa inquietação religiosa é possível, com certeza, fazer toda uma fenomenologia (ver, por exemplo, MAHFOUD, 1997; VALENTINI, 1997). Contudo, é uma inquietação que se passa toda dentro de nós, no máximo como um pressentimento (ainda que provocado pela reflexão a partir de eventos externos). Diferente dela é a relação testemunhada como capaz de preencher esse vazio: um encontro efetivo com o transcendente.

EXPERIÊNCIA RELIGIOSA COMO ENCONTRO

Dois pequenos livros de Martin Buber podem servir de base para descrevermos a experiência religiosa no sentido em que a tomamos aqui. O primeiro deles tem como título *Eclipse de Deus* (BUBER, 1984), e foi escrito basicamente a partir de conferências pronunciadas nos Estados Unidos, em 1951. E o outro reúne pequenos manuscritos autobiográficos sob o título de *Encontro: fragmentos autobiográficos* (*idem*, 1991). Podemos retirar desses textos algumas características descritivas da experiência religiosa como encontro (vou destacar cada uma delas com letra em **negrito**).

Em primeiro lugar **trata-se de uma experiência**, e isso quer dizer que há nela uma essencial referência a uma realidade, um contato com algo externo ao sujeito, um encontro vivo com uma presença. Um belo trecho de Buber que ilustra esse ponto é o seguinte:

> *Em algumas épocas aquilo que os homens "creem" como algo absolutamente independente deles mesmos é uma realidade com a qual se encontram em relação viva, mesmo sabendo que só podem construir dela uma representação totalmente inadequada. Já em outras épocas, pelo contrário, substitui a essa realidade uma representação variável que os homens "possuem", e que, portanto, podem manipular, ou então somente um resíduo dessa representação, um conceito que conserva apenas tênues vestígios da imagem original.* (BUBER, 1984, p. 15)

Ele opõe aqui um "crer" numa realidade independente, a um "possuir" uma representação. No primeiro caso há uma relação viva, no segundo apenas ideias a respeito (*idem*, p. 15).

O fato de haver na experiência religiosa uma referência essencial a uma realidade não quer dizer que só existam as **grandes revelações**, solenes, e dizendo respeito à vida toda de um indivíduo ou à vida de uma coletividade. Também **na vida cotidiana** podem ocorrer revelações, e dizendo respeito à vida da pessoa em aspectos particulares. Buber é muito sucinto quanto a isso, mas deixa claro que a relação religiosa pode se dar na "vida diária", naqueles momentos em que "adquirimos consciência da realidade absolutamente independente de nós, seja como poder, seja como glória", e não apenas nas grandes revelações "das quais nos chegaram apenas relatos entrecortados" (*idem*, p. 17).

Outra característica da experiência religiosa é que ela se constitui tendo como objeto **o transcendente**, o divino. Outras expressões que designam esse objeto, em Buber, são:

"absolutamente independente de nós" e "percebido como poder e glória".

A experiência religiosa se dá **no contexto concreto da vida**, com suas ambiguidades e contradições, com seu **anseio de salvação**, e não no contexto acético das ideias, como se fosse apenas um entendimento novo. Comentando o pensamento de Bergson, eis o que ele afirma:

> *As experiências religiosas cruciais do homem não acontecem numa esfera em que a energia criadora opera sem contradição, mas em uma esfera em que habitam lado a lado o bem e o mal, o desespero e a esperança, o poder de destruição e o poder de renascimento. A força divina que o homem encontra realmente na vida não sobrevoa o demoníaco, mas o penetra. Limitar Deus a uma função produtora é eliminá-lo do mundo em que vivemos, um mundo cheio de contradições que queimam e do anseio de salvação.* (BUBER, 1984, p. 23)

Parece ser essencial também a essa experiência o fato de ela ter sempre uma **repercussão direta na vida da pessoa**. É uma experiência que transforma ou modifica a vida. Um texto que pode ser evocado aqui é um comentário a partir de Hegel:

> *Já não se encontra no mundo de Hegel (se deixarmos de lado suas obras de juventude, dotadas de uma orientação completamente diferente) a realidade de uma visão ou de um contato que determina diretamente nossa existência, o qual era uma certeza fundamental para pensadores como Platão e Plotino, Descartes e Leibnitz [destaque meu].* (BUBER, 1984, p. 20)

Há qualidades características dessa experiência. Uma delas é que ela é **uma experiência abrumadora**, isto é, que faz vivenciar uma realidade totalmente diferente do cotidiano, da qual resulta também um olhar totalmente diferente sobre si mesmo ou sobre o significado da própria vida. Diante da grandeza do experienciado, a pessoa se sente como nublada, infinitamente pequena, e entregue.

Quando falamos desse encontro, nossas palavras devem dar conta dessa como

> *proximidade corporal que torna o homem obscurecido em seus encontros com o divino, seja porque o encham de temor reverencial, seja porque o transportem de arrebatamento, ou simplesmente porque o brindem com um guia.* (BUBER, 1984, p. 16)

Outra dessas qualidades é que ela se dá **na reciprocidade**, isto é, no envolvimento pessoal e total da pessoa perante o Outro. A forma concreta como se dá essa reciprocidade é a de um diálogo no qual a "voz divina" fala através de acontecimentos, e o ser humano responde a ela por aquilo que faz ou deixa de fazer. Se a realidade dessa relação, para Buber, é seu aspecto supremo, seu núcleo é a forma concreta como ele se dá. E esse núcleo, Buber o descreve exatamente como um "diálogo entre Deus e o homem – a voz divina falando no que acontece ao homem, e o homem respondendo pelo que faz ou deixa de fazer" (*idem*, p. 19). Em outro lugar ele diz: "é no próprio encontro que nos vemos confrontados com algo [...] que exige reciprocidade, um Tu primário" (*idem*, pp. 16-17). E diz ainda: "à diferença dos princípios e ideais, **o que está face ao homem** não pode ser descrito como um Isso, mas pode ser invocado e alcançado como um Tu" (*idem*, p. 25).

Como para qualquer experiência, **podemos formar conceitos**, representações, imagens dela e seu objeto. Contudo, em virtude daquilo que essa experiência é como contato com algo absolutamente independente, que envolve e transcende totalmente o sujeito, essas imagens e representações só podem ser **radicalmente imperfeitas e inadequadas**, e a pessoa normalmente tem condições de se dar conta disso. Em um determinado momento de sua reflexão, Buber está se perguntando se um conceito de Deus ajuda ou prejudica a experiência: "se uma apreensão intelectual do divino, prejudica necessariamente a relação religiosa concreta" (*idem*, p. 16). E ele responde:

> *Tudo depende da medida em que esse conceito de Deus possa fazer justiça à realidade por ele indicada, fazer-lhe justiça enquanto realidade. Quanto mais abstrato for o conceito, tanto mais requererá ser equilibrado pela experiência viva com a qual está intimamente ligado, e isso mais do que estar concatenado com um sistema intelectual.* (BUBER, 1984, p. 16)

Ele havia dito antes, como vimos, que nas experiências religiosas mais autênticas, as pessoas "sabem que só podem construir uma representação totalmente inadequada" da realidade com a qual, no entanto, estão em relação viva (*idem*, p. 15).

Para melhor fazer justiça à realidade desse contato o aspecto intelectual dos conceitos deve ser complementado pelos aspectos descritivos concretos da experiência efetiva, os quais, por se radicarem no sujeito que o experiencia, não podem deixar de ser também *antropomórficos*.

> *Quanto mais distante do antropomorfismo parece um conceito, tanto mais deve ser organicamente completado por uma expressão desta [...] proximidade corporal que torna o homem obscurecido em seus encontros com o divino [...]. O antropomorfismo reflete sempre nossa necessidade de preservar a qualidade concreta manifestada no encontro; contudo, nem sequer esta necessidade é sua verdadeira raiz: é no próprio encontro que nos vemos confrontados com algo abrumadoramente antropomórfico, algo que exige reciprocidade, um Tu primário.* (BUBER, 1984, pp. 16-17)

A experiência religiosa abre a pessoa para um mundo inteiramente novo e diferente do cotidiano, do qual só é possível dar conta a partir de dentro dele mesmo. Isso equivale a dizer que fica preservada a **possibilidade de uma recusa**. Refletindo sobre a obscuridade de Deus em nossa época, o *Eclipse de Deus*, Buber diz: "Quem se recusa a se submeter à realidade da transcendência como tal, como nosso *vis-à-vis*, contribui para a responsabilidade humana do eclipse" (*idem*, p. 25). A recusa é possível, pois, e ela se radica no fato de que só podemos dar conta da novidade dessa experiência, a partir dela mesma, como ocorre em um encontro.

Como características negativas da experiência religiosa devemos dizer que **ela não se confunde com a magia, nem com a gnose, e nem com a subjetivização da fé**. Essas três coisas correspondem, para Buber, a atitudes pseudorreligiosas. Para ele o que caracteriza a "magia" como atitude humana, é o "impulso de controlar". O objeto da relação mágica é, pois, algo que, de alguma forma, o homem pretende dominar. Ora, a genuína relação religiosa é totalmente diferente disso. A relação que se constitui nela é muito mais de submissão total, de temor reverencial, e depois de amor, do que de controle. O objeto da experiência mágica não pode ser o mesmo que o da experiência religiosa. O objeto da experiência mágica é controlável, o da religiosa é justamente o que não é passível de controle.

> Desde que os homens encontraram os primeiros nomes para o eternamente inominado, em todos os idiomas os nomeados com esta palavra têm sido seres transcendentes, [...] não objetos conhecíveis, embora adquiríssemos consciência deles como [...] em relação conosco [...]. Isso diferenciou sempre religião de magia, pois já não se podia crer como sendo Deus, alguma coisa que o homem acreditava ter conjurado, [...] [e que] havia se convertido num feixe de poderes que misteriosos conhecimentos e

forças humanas podiam anular. Quem conjurava já não escutava a palavra, e nem despertava nele resposta alguma; e mesmo quando recitava uma prece, já não orava. (BUBER, 1984, p. 69)

E em outro lugar ele diz:

> *Desde os tempos mais antigos a realidade da relação de fé, a posição do homem ante a face de Deus desenvolvendo-se no mundo como um diálogo, foi ameaçada pelo impulso de controlar o poder do que está mais além. Em vez de entender os acontecimentos como invocações que nos propõem exigências, desejamos ser nós que exigimos, sem ter que escutar.* (BUBER, 1984, p. 110)

Quanto à atitude "gnóstica", Buber considera que ela é até mais antirreligiosa que o próprio ateísmo. Para ele, a atitude gnóstica no fundo tem a pretensão de "desvendar os mistérios divinos", transformando-os, assim, em algo a nosso alcance, e, portanto, em nossa medida. O objeto de tal atitude também não pode ser o que se revela livremente como um outro. Trata-se de "uma outra contrapartida pseudorreligiosa da relação de fé" (*idem*, p. 110).

Mas a deturpação maior, e mais atual, da genuína relação religiosa, para Buber, é a "subjetivização da fé". Essa é uma atitude que "penetra até a profundidade mais íntima da vida religiosa" (*idem*, p. 111). Refere-se ele a uma atitude de tal forma "reflexiva" que representa um bloqueio da "espontaneidade do eu face ao outro" que acaba impedindo um contato com qualquer tipo de presença verdadeira. Mas se o objeto com o qual se entra em relação com a verdadeira experiência de fé é justamente essa Presença Inominável, a atitude reflexiva acaba ficando com as palavras e perdendo a coisa mesma. A subjetivização da fé elimina o encontro.

O conhecimento subjetivo que alguém que se volta para alguma coisa tem de seu próprio voltar-se para essa coisa, esse refreamento do Eu que não entra em ação com o resto da pessoa, de um Eu para o qual a ação é um objeto – tudo isso significa a desapropriação do momento, a perda da espontaneidade. [...] Quem não está presente não pode perceber Presença alguma. (BUBER, 1984, p. 111)

O que está em questão aqui é a "disposição do homem inteiro em aceitar essa Presença, a simples espontaneidade, sem reservas, em voltar-se para ela" (*idem*, p. 111).

Se quiséssemos formular, então, essas característica negativas da genuína experiência religiosa, tiradas dessas comparações, poderíamos dizer que ela não é a experiência que toma consistência no interior de uma tentativa de controle de poderes externos (não se identifica com a magia), ou no interior da redução do mistério a algo a nosso alcance e em nossa medida (não se identifica com a gnose), e nem tampouco é aquela que é possível com reservas, sem uma entrega total da pessoa (não se identifica com o conhecimento reflexivo de um apegar-se a um deus).

Há lugar para se falar de uma **depuração da experiência religiosa**, no que diz respeito aos conceitos ou noções através das quais nos damos conta dela. Eles podem evoluir no sentido de maior fidelidade ao vivenciado. E na medida em que eles participam da configuração global da experiência, essa pode vir a ser vivenciada de forma mais ou menos plena ou genuína. Ao ser inserida numa dinâmica dialógica de vida, ou seja, como processo, a experiência religiosa se clarifica, e nessa medida pode também purificar a resposta humana.

No outro pequeno livro chamado *Encontro: fragmentos autobiográficos*, Buber (1991) tem duas passagens em que ele conta experiências pessoais que se relacionam com sua concepção de religião. Numa primeira, ele relata um encontro com um velho conhecido seu, o reverendo Hechler, que aconteceu um pouco antes da Primeira Guerra Mundial. Nesse encontro, Hechler, que era um preceptor em cortes europeias, mostra a Buber uma "representação gráfica da profecia de Daniel", e uma espécie de "mapa do tempo histórico" no qual ele pode ver, como ele mesmo o diz, "o ponto exato no qual nos encontrávamos precisamente, então". No decorrer da conversa, Hechler anuncia, não sem uma certa solenidade: "e agora venho dizer-lhe que este ano vai estourar a Guerra Mundial". Buber fica impressionado com a expressão "Guerra Mundial" que ele ouvira pela primeira vez. Conta também que compreendeu, mais tarde, a certeza de Hechler naquele anúncio, como uma "interpretação crente de Daniel, [...] impregnada e concretizada pela matéria que corria nas cortes da Europa, sem que um conhecimento daquilo que se passava tão fundo na alma tivesse penetrado na consciência". Mais para o final do encontro, Hechler, segundo a lembrança de Buber, lhe diz: "nós vivemos numa grande época. Diga-me: você crê em Deus?". Buber tranquiliza o velho homem, respondendo que "ele não precisava se preocupar nesse sentido". No entanto, após a despedida, ficou se perguntando: "eu havia dito a verdade? Eu 'cria' no Deus ao qual Hechler se referia? O que ocorria comigo?" (*idem*, pp. 40-41). E seu relato prossegue, então, da seguinte forma:

> *Eu permaneci durante longo tempo na esquina, decidido a não ir adiante antes que tivesse encontrado a resposta correta. – De repente ela me surgiu no espírito, lá onde a linguagem sempre se estrutura, surgiu sem ter sido composta por mim, palavra por palavra pronunciada. – "Quando crer em Deus", assim soava a resposta, "significa poder falar Dele na terceira pessoa, eu não creio em Deus". E, continuando depois de algum tempo: "O Deus que dá a conhecer previamente a Daniel esta hora da história da humanidade, esta hora antes da 'Guerra Mundial', para que este possa determinar o lugar dela na marcha dos tempos,*

não é o meu Deus nem é Deus. O Deus ao qual Daniel ora em sua dor é o meu Deus, o Deus de todos". – Ainda durante muito tempo permaneci na esquina do caminho [...] e abandonei-me, agora para além da linguagem, ao esclarecimento que havia começado. (BUBER, 1991, p. 41)

Ele está falando aqui do verdadeiro objeto da experiência religiosa: não é objeto de um pensamento (embora se possa pensar nele), não é também uma fonte de conhecimentos por outras vias inacessíveis (embora possa revelar coisas), mas é um outro transcendente a quem nos dirigimos a partir de nossa dor. O encontro com o velho amigo permitiu a Buber compreender melhor o objeto de sua fé, e com isso fazer evoluir a consciência que tinha dele. Esse aperfeiçoamento de consciência se deu "lá onde a linguagem sempre se estrutura", ressignificando uma presença, e abrindo caminho para o "esclarecimento que havia começado".

O segundo relato aparece no fragmento que se intitula "Uma conversão". Buber nos conta inicialmente as concepções que tinha. São textos mais longos, mas que merecem ser citados.

Na mocidade o "religioso" era para mim a exceção. Eram horas retiradas do curso das coisas. [...] A "experiência religiosa" era a vivência de uma alteridade que não encaixava no contexto da vida [...]. Podia começar como algo habitual, a consideração de um objeto habitual, mas que bruscamente se tornava misterioso e enigmático até iluminar o caminho em direção à obscuridade atravessada de relâmpagos do próprio mistério. Mas o tempo também podia desgarrar-se sem estágios intermediários: primeiro a estrutura firme do mundo e em seguida a confiança ainda mais firme em si mesmo ficavam destruídas e a pessoa se entregava à plenitude nas asas do "religioso". Enquanto acolá estava a habitual existência com suas ocupações, aqui reinava enlevação, iluminação, êxtase, atemporal inconsequente. A única existência abrangia, então, um aquém e um além, e não havia nenhum vínculo senão sempre o instante efetivo da passagem. (BUBER, 1991, p. 42; tradução corrigida a partir de FRIEDMAN, 1993, p. 66)

Até aqui a descrição de sua experiência religiosa foi um "acontecimento cotidiano, um acontecimento orientador", que *falou* a Buber, provocando o que ele considera uma transformação. Um dia, "depois de uma manhã de júbilo 'religioso' ", ele recebe a visita de um jovem. Ele o recebe bem, conversa atenciosa e francamente, como o fazia com os que o procuravam nessas condições. Mas talvez por causa da manhã de *júbilo religioso*, ele não estava "*com a alma presente*". O "*conteúdo essencial*" das perguntas que o rapaz lhe viera trazer, ele só o soube mais tarde, por um de seus amigos, pois o jovem havia morrido logo depois do encontro com Buber. "Soube que ele não havia vindo a mim acidentalmente, mas sim fatalmente, não para uma conversa amena, mas sim para uma decisão [...]". "O que esperamos quando estamos desesperados e mesmo assim ainda nos dirigimos a uma pessoa? Talvez uma presença através da qual nos é dito que o sentido, todavia, existe". O contraste entre o *júbilo "religioso"* (note as aspas) que aconteceu logo antes dessa conversa, e a "falta de alma", ou de presença, quando esteve com o moço e "deixou escapar o conteúdo essencial da conversa", deve ter sido o que lhe tocou. O fato é que a partir daí houve uma mudança que ele descreve como se segue:

> *Desde então eu abandonei aquele "religioso" que não é nada mais que exceção, retirada, saída, êxtase; ou ele me abandonou. Eu não possuo nada além do cotidiano, do qual eu nunca sou retirado. O mistério não se abre mais, ele se subtraiu ou fixou domicílio aqui, onde tudo acontece como aconteceu. Eu não conheço mais nenhuma plenitude além daquela de cada hora mortal, de exigência e responsabilidade. Longe de estar à altura dela, eu sei, porém, que sou solicitado pela exigência e posso responder à*

responsabilidade, e sei quem fala e quem exige resposta. Muito mais eu não sei. Se isso é religião, então ela é simplesmente tudo, o simples todo vivido na sua possibilidade de diálogo. (BUBER, 1991, p. 43)

Mais adiante, ele tem uma frase que cabe bem aqui: " 'Fé' não é um sentimento da alma do homem, mas uma entrada na realidade, na realidade *inteira*, sem desconto e abreviação" (*idem*, p. 45). Para ele a experiência religiosa deixou de ser experiência de algo separado e de outro mundo, diríamos, e passou a ser a própria experiência do encontro humano ou intramundano, tornado possível em sua plenitude e profundidade dialógica. Buber exemplifica, pois, uma possível evolução da religião de cada um, ou uma depuração do sentido religioso da experiência.

CONSIDERAÇÕES FINAIS

Não pretendo fazer exatamente uma síntese de Tomka, Vaz, Meslin e Buber. Cada um tem sua perspectiva própria, e todas elas enriquecem a descrição fenomenológica. Todos eles convergem para uma realidade. Gostaria apenas de destacar alguns pontos.

Embora a experiência religiosa sob certo aspecto se apodere da pessoa, ela só pode se desenvolver plenamente contando com sua adesão. Há aqui um paradoxo de passividade e adesão ativa, mas que justamente revela o caráter eminentemente relacional e envolvente dessa experiência.

Seu objeto é o absolutamente transcendente. Mas ele não é visto em si mesmo (e poderia?), e sim, na relação de alguma coisa do mundo (ou de si próprio) com esse absolutamente transcendente. Pode tomar o aspecto então da percepção de uma dimensão da realidade: sua dimensão de dependência.

E essa dimensão parece, para quem a vivencia, a mais determinante da realidade última das coisas. Daí, aliás, o caráter abrangente de tal experiência em termos de ressignificação da vida e das coisas.

Os conceitos são aí importantes, e não apenas como expressão posterior de algo já pronto. Mas, embora haja diversidade possível de conceitos, a experiência religiosa inclui a vivência de seu próprio significado. Desse ponto de vista ela é também uma compreensão, embora num sentido bem diferente de uma compreensão meramente racional ou lógica, sem referência a um real. Assim entendida, é uma experiência que tem um alcance cultural evidente. Ela influencia na organização dos significados do mundo, individual e coletivamente.

O último ponto que gostaríamos de destacar aqui, e que também é de difícil formulação, é o aspecto processual ou evolutivo dessa experiência, por mais que ela possa ter seus momentos marcantes. Os significados desses momentos, por mais que conservem sua força primitiva, podem eles mesmos se transformar ou serem incorporados em estruturas semânticas mais abrangentes, mudando, assim, de coloração. Em continuidade com isso, os próprios momentos marcantes de um itinerário podem ser lembrados ou apropriados a partir de um referencial diferente. E a experiência, ao ser pontual, se constitui de outra forma. Mas, ao mesmo tempo, isso mostra que a experiência religiosa também pode ser entendida como o processo da relação. Seus momentos pontuais adquirem sentido quando inseridos em que é muito difícil, aliás, determinar de forma nítida onde tudo começa ou onde tudo termina. Mas esse último fato nos diz ainda que os limites entre a inquietação religiosa e a experiência religiosa propriamente dita podem também não ser tão nítidos assim: são certamente diferentes, mas podemos pensar numa continuidade entre os dois.

Capítulo 5
RELATOS DE EXPERIÊNCIA RELIGIOSA

Já no capítulo anterior, quando buscávamos uma caracterização fenomenológica da experiência religiosa, pudemos nos encontrar com o impressionante relato de Martin Buber. Pessoalmente recolhi alguns outros relatos e alunos meus, trabalhando comigo nesse tema, recolheram também outros. A história de Lídia foi escolhida por sua particular riqueza e semelhança com o que poderia ser uma experiência religiosa popular típica na América Latina. Sua experiência é discutida a partir do que foi explicado no capítulo anterior juntamente com o que está exposto aqui. O relato de Lídia foi também publicado na revista *Estudos de Psicologia* (PUC-Campinas).[4] Ele é retomado aqui com a permissão da revista.

---
4 AMATUZZI, M.M. A experiência religiosa: estudando depoimentos. *Estudos de Psicologia* (Campinas), 15(2), 1998, pp. 3-27.

MAURO M. AMATUZZI

PESQUISAS RECENTES

D avid Hay parte da abordagem de Hardy, emérito professor de zoologia na Oxford University, que entre 1963 e 1965 fez conferências apresentando uma "interpretação biológica do fenômeno da religião", e cuja hipótese básica é a seguinte:

> *A consciência religiosa* (religious awareness) *é biologicamente natural à espécie humana, tendo se desenvolvido através do processo de seleção natural, pois tem valor de subsistência para o indivíduo.* (HAY, 1994, pp. 1-2)

A experiência religiosa (*religious experience*), conforme Hay (baseado em Hardy), é um

> *conhecimento direto* (direct awareness) *de uma presença sagrada ou divina [...] totalmente diferente de uma crença teórica* (theorietical belief), *[...] [é] natural e mesmo comum, e por isso não se limita à experiência esmagadora do* "mysterium tremendum et fascinans", *descrita por Otto.* (HAY, 1994, p. 2)

É interessante notar os termos dessas definições de Hay. A experiência religiosa é um conhecimento direto, ou uma consciência direta, que não tem nada a ver com uma dedução racional ou uma crença teórica. O caráter direto, não inferido, anterior a processos racionais elaborados, é aqui evidenciado, e, portanto, seu caráter experiencial. O objeto dessa experiência é o sagrado ou o divino, portanto, tomados de forma englobante. Em seguida ele afirma que essa experiência é natural e comum ao ser humano, contrariamente ao aspecto raro e excepcional, ou extraordinário que teria segundo a caracterização de Otto. E, finalmente, ele diz que essa experiência ou essa consciência

Psicologia do desenvolvimento religioso

tem um valor de subsistência para o ser humano, ou seja, é biologicamente adaptativa.

Depois disso, Hay raciocina da seguinte forma. A hipótese de Hardy é em princípio testável. Se ela for verdadeira, a experiência religiosa: 1) não se limita às classes pobres da sociedade, como pretende a hipótese de Marx; 2) não está associada a multidões, contrariamente à hipótese da efervescência de Durkheim; 3) não está associada à neurose, como pretenderia Freud.

Hardy, a partir de 1960, começou a explorar sua hipótese (de que a consciência religiosa é natural na espécie humana). Divulgou pela imprensa nacional britânica um pedido de depoimentos respondendo à seguinte pergunta: "Alguma vez você já experienciou (*have been aware*), ou foi influenciado por uma presença ou poder, diferente de seu eu cotidiano, não importando se você o chama de Deus ou não?". Reuniu, assim, mais de 5000 respostas, a respeito das quais muitas pesquisas qualitativas já foram feitas, dando conta dos relatos. Foram identificadas oito categorias maiores de experiências relatadas. Começando pelas mais frequentes, foram estas as categorias:

1) um tipo de acontecimento na vida da pessoa que a convence de que existe uma intenção ao acontecer (aparentemente são coincidências, mas têm um significado que fica evidente para a pessoa);

2) experiência da presença de Deus;

3) experiência de receber ajuda em resposta a uma prece;

4) experiência de ser cuidado ou guiado por uma presença não chamada de Deus;

5) experiência de estar na presença de alguém que já morreu;

6) experiência de uma presença sagrada na natureza;

7) experiência de uma presença do mal;

8) experiência, por um caminho extraordinário, de que todas as coisas são "Um".

Posteriormente o *survey* (método de pesquisa) foi ampliado usando-se a pergunta de Hardy, e mais uma de Greeley: "Alguma vez você já sentiu como se estivesse em contato (*very close*) com uma força espiritual poderosa, que, de certa forma, elevasse você para fora de si mesmo?" (p. 6). Estudos que foram feitos em torno das respostas apontam na direção oposta à da teoria do ópio (MARX), da efervescência (DURKHEIM), e da neurose (FREUD). Sugerem também que a interpretação que as pessoas dão à própria experiência pode decorrer do medo da crítica dos outros (medo de ser considerado desequilibrado ou ignorante); o que leva também a um silenciamento.

Hay menciona a posição de Jackson segundo a qual experiências "de tipo religioso" (relatadas por pessoas normais ou esquizofrênicas) são normalmente adaptativas e ligadas à solução de problemas e à criatividade (porque, a partir de uma tensão, proporcionam uma reestruturação cognitiva). Quando essa experiência integradora ou de solução de problemas é invocada, mas falha, então, aumenta a tensão cognitiva e se perpetua o ciclo de experiência "de tipo religioso", podendo ser isso a psicose, sugerindo, assim, que seria fruto de uma experiência religiosa frustrada.

Robert Ellwood (1994) é quem faz o comentário crítico do texto de Hay. O resumo desse comentário expressa bem sua ideia:

> *A universalidade da experiência religiosa é afirmada por Hay. Isso traz alguma confirmação para as teses de James e Schleiermacher e desconfirma as visões de Marx, Durkheim e Freud. Entretanto, a espontaneidade de tais experiências é questionada à luz do imperativo de que toda experiência é ao mesmo tempo condicionada e formada pela cultura. O ser humano é essencialmente social e está inserido na vida cotidiana de um modo que Hay ignora. (ELLWOOD, 1994, p. 25)*

No corpo do artigo ele diz que mesmo quando uma experiência é apresentada como espontânea, é a seleção de linguagem usada para expressá-la (experiência de Deus, experiência de todas as coisas como Um etc.) que a torna religiosa, e não outra qualidade da própria experiência; ou seja, o fato de a experiência ser religiosa ou não, dependerá da interpretação, culturalmente determinada, que brota na própria pessoa.

Sem dúvida Ellwood chama a atenção para uma questão importante e difícil: a da interpretação na própria constituição da experiência. No entanto, reduzir o aspecto "religioso" da experiência às palavras usadas para expressá-la, parece nitidamente um esquecimento de seu outro polo que é o experiencial. Experiência e consciência, ou o vivido e o interpretado, se articulam na constituição da própria experiência. Mas não podemos abandonar nenhum desses dois polos.

Tamminen (1994, p. 62) propôs-se a estudar a experiência religiosa em crianças e adolescentes, com idades variando entre 7 e 20 anos. Menciona algumas formas de se colher relatos, usadas em pesquisas:

– redação para crianças com o tema: "quando eu pensei em Deus (*When I once thought about God*)";
– pergunta para obter relatos: "Você alguma vez já teve uma experiência de Deus? Por exemplo, de sua presença, de sua ajuda, ou alguma outra coisa? (*Have you ever had an experience of God, for example, his presence or his help or anything else?*)".

As que foram usadas na pesquisa que ele apresenta no artigo que estamos resumindo, foram duas:

1) "Você algumas vezes sentiu que Deus está próximo de você? (*Have you at times felt that God is particularly close to you?*)" E a solicitação que se segue a essa: "Você gostaria de

me contar isso, quando aconteceu, e em que situação? (*Would you like to tell me about it, when and in what situations?*)". (Notemos que em português, ao menos, o verbo no presente, "sentiu que Deus *está* próximo", induz uma resposta afirmativa, mais do que se o verbo estivesse no passado: "sentiu que Deus *esteve* próximo");

2) "Você algumas vezes sentiu que Deus está guiando, dirigindo sua vida? (*Have you at times felt that God is guiding, directing your life?*)" E a solicitação que se segue a essa: "Você gostaria de contar isso, quando e como foi? (*Can you tell about it, when and how?*)" (pp. 63-64). (Aqui surge o mesmo problema do verbo no presente, e é como se estivesse pressupondo que Ele sempre guia e dirige. Talvez fosse melhor perguntar: você alguma vez já sentiu que Deus estava orientando ou dirigindo sua vida?).

A definição de experiência religiosa usada nesse seu estudo foi a seguinte: "É uma experiência na qual se conecta com um senso de dependência de/ou ligação com Deus, o divino, e o transcendente (*is an experience to which a sense of dependency on or a link with God/the divine and the transcendent is connected)*" (pp. 62-63). Mas ele afirma que esse ponto de vista é naturalmente limitado. "Algumas experiências de crianças que poderiam ser classificadas como religiosas segundo uma definição mais larga e implícita, não foram, então, incluídas" (p. 63).

Tamminen tem consciência da complexidade do fenômeno quando fala de três complicações em seu estudo:

1) o acesso que se pode ter à experiência religiosa é indireto, ou seja, se faz através daquilo que as pessoas lembram e relatam, e de como elas a sentem e interpretam;

2) essa interpretação que os sujeitos fazem depende de sua filosofia geral;

3) a lembrança da experiência se determina pelos valores presentes.

Ele menciona também as cinco dimensões da religiosidade sistematizadas por Glock & Stark: dimensão experiencial (= experiência religiosa), dimensão ideológica (= crenças religiosas), dimensão intelectual (= conceitos com os quais é pensada), dimensão ritualística (= práticas religiosas) e dimensão consequente (= efeitos na vida diária). Certamente essas dimensões se interpenetram e, com certeza, podem valer analogicamente para qualquer ação cultural.

Algumas das principais conclusões de Tamminen foram:

– a existência de experiência religiosa, como definida aqui, é relativamente generalizada na amostra de crianças e adolescentes finlandeses. Mas diminui na medida em que se avança da infância para a adolescência;

– as experiências de proximidade de Deus foram principalmente relatadas em situações de solidão, medo e emergências (perigo, doença). As experiências de direção por parte de Deus, em situações de perigo e outras dificuldades, foram ambas também relacionadas com escolhas morais e ações, e também com oração atendida;

– na média, as meninas relataram com mais frequência experiências religiosas, e com algumas diferenças detectáveis, no conteúdo e na forma do relato, em relação aos meninos.

Note-se que o tipo de resultado visado tanto por Hay (1994) como por Tamminen (1994) nessas pesquisas não é descritivo, isto é, eles não pretenderam aqui explanar a natureza da experiência, mas sim tirar conclusões específicas a respeito dela, comparando situações através de um estudo estatístico. No entanto, elas podem ser lidas como o fizemos aqui, próximas à nossa preocupação. Nosso estudo aqui pretende ser simplesmente descritivo, e só nessa medida, elucidativo.

MEU ENCONTRO COM LÍDIA

De vários depoimentos colhidos, alguns por escrito e outros gravados em áudio, escolhemos o de Lídia (nome fictício), para relatar aqui, por ser o mais rico e complexo. Para esses depoimentos, os participantes foram primeiro convidados a colaborar com uma pesquisa sobre experiência religiosa. Uma vez obtido seu consentimento (livre e esclarecido) houve uma entrevista não diretiva ativa (MUCCHIELLI, 1991, pp. 30-33), semiestruturada em torno de alguns temas os quais podem se expressar com as perguntas:

1) Como foi sua maior experiência de Deus?
2) Como foram outros momentos marcantes de sua experiência de Deus?
3) Como é sua experiência atual de Deus? Se possível, dê exemplos.
4) Pense nos seus momentos especiais de oração ou meditação. Como você se prepara para esses momentos? Como você se coloca na presença de Deus, ou como você O invoca?
5) Qual é sua experiência de prática religiosa?

Lídia era uma senhora de 60 anos, na época da entrevista, casada, com filhos e netos, descendente de imigrantes italianos e escravos negros. Frequentou somente os primeiros anos da escola oficial, mas gostava muito de ler. Teve uma educação católica tradicional, daquelas em que "tudo é pecado", como ela mesma diz. Com o passar do tempo, foi adquirindo uma visão diferente das coisas. Exerceu funções de liderança na comunidade católica local, que ajudou a criar, mas hoje está um pouco mais afastada

(*está voltando*), por conta de uma cirurgia importante a que teve de se submeter, e que a deixou de cama por muito tempo.

Tive um primeiro encontro com ela em sua casa (em um bairro periférico de uma cidade grande do interior de São Paulo), para conversarmos sobre sua experiência religiosa, em maio de 1997. Ela não quis gravar nada. Disse que queria conversar antes, e que depois ela gravaria se eu quisesse.

Foi uma conversa fascinante para mim. Admirei muito sua capacidade de comunicar toda uma experiência de vida, e mesmo uma sabedoria, daquele modo simples, no meio daquelas histórias pessoais, no meio de suas narrativas. O que ela me contou foram fatos que falavam da "mão de Deus" em sua vida, principalmente como proteção transcendente, ou uma presença na qual ela confia.

Como ela se dispôs a gravar depois dessa primeira conversa, voltei lá uma segunda vez alguns dias depois. Pouco a pouco ela foi se desinibindo diante do gravador, e acrescentou detalhes interessantes à primeira entrevista.

A transcrição integral da entrevista ficaria muito longa para os limites desse texto. Transcreveremos apenas trechos mais significativos que possam depois orientar a leitura que faremos.

Aquilo que ela considerou como uma de suas maiores experiências de Deus, *o caso da tempestade*, ocorreu quando ela era uma jovem de 15 anos. Toda a sua família trabalhava numa fazenda. Com os outros familiares ela estava justamente numa lavoura de café nesse dia (Coloco em destaque seus parágrafos).*

> Era num morro. Então, nós estava naquele elevado, e as ruas de café começa numa baixada e subia, vinha no alto do morro. E meu irmão chegou e disse que vinha vindo uma tempestade. E a minha

---

* Nota do Editor: Optamos pela transcrição literal do relato de Lídia, sem as devidas correções gramaticais, como publicado no artigo (Cf. nota 4) de Amatuzzi.

irmã mais velha falou: vamos embora? Então todo mundo pegou o que tinha e saiu correndo. E eu fiquei mais patrás porque nós tinha um irmão mais pequeno, ele devia ter uns seis anos. Todo mundo saiu e foi embora correndo, e eu fiquei com ele patrás. Quando nós chegamos no alto do morro, nós encontramos com a tempestade. Aquele vento vinha assim como se fosse um redemunho, ele levantava a terra do chão. E lá era areia, era pedregulho, e aquilo era jogado no rosto da gente. Do jeito que o vento vinha, jogava no rosto da gente, junto com a chuva.

Ela havia ficado para trás cuidando do irmãozinho.

E de repente meu irmão começou a se afogar. E eu não sabia o que fazer. Pra acudir ele eu também comecei a me afogar.
Vi que havia ali um toco que tinha sido comido pelo fogo, um casqueiro; o resto era uma casca. Então eu puxei ele naquele tronco. E a altura do tronco protegia a gente do vento. E nesse momento eu disse pra Nossa Senhora, falei: minha Nossa Senhora, nós vamos morrer aqui, e os outros não vão nem ficar sabendo. Porque não via jeito. Mas no mesmo momento a tempestade sumiu. Ficou, assim, aquela chuvinha levinha. E eu e ele pudemos sair e ir embora pra nossa casa.
Mas para mim foi como se Nossa Senhora tivesse, naquele momento, pegado a tempestade e tirado ela do nosso lado, e a gente pôde se ver livre. Porque, pelo que estava acontecendo, ia morrer eu e ele naquele lugar, porque perdemos o fôlego. Como ia respirar? Foi uma coisa difícil.
Eu sempre guardei isso comigo.
Eu sempre digo isso, assim: quando a gente chama Nossa Senhora, qualquer santo da proteção da gente, eles atende! Se a gente está em perigo, eles atende sim.
E foi um milagre, pra mim foi um milagre, porque a chuva passou na hora.

E ela comentou ainda:

A gente era acostumado a enfrentar temporal, era acostumado a enfrentar tempestade, mas a gente sempre se escondia atrás dum pé de café, atrás de uma árvore. Mas aquele dia nós encontramos com a tempestade de frente. Então, não tinha como se esconder.

E providencialmente apareceu aquele toco. É engraçado que a gente sempre passava lá e eu nunca tinha prestado atenção... O jeito que ele era. E aquele dia ele foi providencial.

Em seguida ela contou *o caso do administrador*, que aconteceu um ou dois anos depois, em uma outra fazenda.

[...] Então, o fiscal me colocou para trabalhar numa horta da fazenda, porque a gente dependia desse trabalho para sobreviver... E ele me colocou lá para trabalhar, e eu ficava lá sozinha...
De repente eu vi o administrador vindo do meu lado. Sabe quando a gente vê a pessoa assim, parece que a gente tem um pressentimento que alguma coisa não está certa. E ele chegou e disse que eu estava trabalhando sentada. Eu disse pra ele: é claro, o moranguinho é rasteiro, não tem como trabalhar em pé. Tem que trabalhar abaixado, sentado. E aí eu falei pra ele – ele chamava José: né, Seu José, a gente tem que trabalhar assim. E ele me disse assim: José por que? Me chame de Zezinho! E eu disse pra ele: não, a minha mãe sempre me ensinou assim, que os mais velhos a gente precisa respeitar. E se eu falar para o Senhor, Zezinho, somos iguais. E eu falando Seu José, o Sr. precisa me respeitar porque eu estou lhe respeitando... Ele ficou muito desconcertado e saiu.

E comentou:

Depois que passou aquele momento, eu não entendia aonde eu tinha arrumado aquela resposta pra dar pra ele. E eu consegui me sair muito bem, né? Mas eu acho, assim, que sempre é Deus, o anjo da guarda que está protegendo a gente. Porque a gente que é mulher, pobre, negra, é muito visado. Porque normalmente as pessoas achava, assim, que por um punhado de moeda a gente ia fazer qualquer coisa que eles quisesse, né? Mas eu sempre tive a proteção de Deus.

E mais adiante:

... a gente tinha que estar sempre atenta a tudo que acontecia, senão a gente podia cair numa cilada.

Em seguida conversamos sobre *o caso da operação espiritual*, que tinha acontecido há uns 17 anos. Conta como esteve passando muito mal, com dores, sem poder andar muito, sem ter que se sentar. Depois de algumas indicações conseguiu arranjar um médico. Tomou injeções, fez exames. E ela continua contando:

O dia que eu fui pegar os resultados deu que eu tinha um quisto no rim. [O médico disse que] precisaria acompanhar para saber se ia precisar operar. Mas ele achava que precisava operar. Então, fui fazendo um tratamento, mas eu continuava tendo problema.

E nesse período, uma minha irmã... teve aqui. E ela não me deu explicação; pediu que eu escrevesse alguma coisa, o que eu sentia, no papel. E eu escrevi. Ela colocou um endereço, e colocou no correio. Daí uns dias, acho que uns 8 dias, eu recebi a resposta. Era dum Centro Espírita do Rio, que agora eu esqueci o nome... Eles me diziam na carta que marcaram uma data, era um sábado, que era pra mim trocar de roupa, trocar a cama, deixar tudo limpinho, ficar no quarto sozinha na penumbra, e evitar barulho. E que eu ia ser atendida. Eles ia me operar.

Se eu não acredito e não desacredito, eu não sou pessoa de ficar abusando. Só que eu tenho muito medo dessas coisa, porque eu não entendo. Aí eu fiz tudo que eles tinham pedido. O Antônio (seu marido) e a minha sogra ficou aqui na sala, eles tava vendo a televisão bem baixinha. De repente eu tive a impressão que eu vi um vulto entrar no quarto. Assim, fosse uma sombra. E depois eu não me lembro mais nada; eu dormi. No outro dia eu amanheci tão ruim; eu tinha a boca ruim, eu tinha mal-estar; eu só queria deitar. No lugar da dor que eu tinha no rim, eu tinha como se fosse uma mão que me segurava naquele local. E eu passei o dia todo me movimentando porque a casa estava cheia de visita. E eu não podia falar nada pra ninguém, né, que eu estava me sentindo mal... Mas passou.

Aí eu ia, de 8, 15 dias, fazia exames pra ver como que estava, se estava regredindo, né? Pra minha surpresa eu fui fazer os exames, não deu mais nada. O médico mesmo falou pra mim que tinha desaparecido, e ele não sabia como. Eu peguei o raio X, levei para o Dr...., que era o médico do posto; ele também olhou, falou pra mim: não tem mais nada, não tem com que você

se preocupar; desapareceu o que você tinha. Então eu só posso acreditar que foi por intermédio deles, né, que isso desapareceu. Porque com o remédio não ia desaparecer de uma hora pra outra, né? Mas desapareceu, eu fiquei bem, não precisei passar por cirurgia nenhuma.

E ela explica:

Por intermédio de outras pessoas, Ele nos socorre, né? Eu acho que é pra mostrar pra gente que todos são filhos de Deus, né? Não é porque não são católicos, porque são de um outro credo... eu acho que toda fé leva a Deus. Que se eles fazem isso com fé, eles conseguem ajudar outras pessoas, como me ajudaram.

Depois disso, conversamos sobre como são seus *momentos de oração*. E ela começou dizendo:

[...] pode parecer engraçado para você, mas eu não sou uma pessoa que vivo rezando. [...] um momento que eu tenho vontade de voltar pra Deus, normalmente eu canto. Tem um salmo que eu gosto muito dele, ele me fala muito! [...] quero cantar um pedacinho pra você. Ele é assim...

E começou a cantar, com uma voz muito bonita. E seu canto dizia:

"Teu nome é, Senhor, maravilhoso; por todo universo conhecido; até por crianças pequeninas; tua força domina o inimigo. Olhando pro céu que tu fizeste, pra lua, pras estrela tão bonita, indago o lugar que cabe ao homem; mais vale aos teus olhos a sua vida."
Normalmente, se eu tenho vontade de rezar, eu estou cantando um salmo. E este é o meu predileto. Agora quando eu chego na igreja, em qualquer lugar, num momento que eu preciso falar com Deus, eu aprendi um modo, com uma pessoa que me contou um... um caso, uma história que me marcou muito. [...] eu acho que pra Deus a gente não precisa muito diálogo. Ele nos entende, porque foi ele que nos fez. Então, ele nos conhece. Não é verdade? Normalmente

eu tenho alguma coisa para pedir. Mas eu sempre digo: Senhor, eu estou aqui... O Senhor me fez, me criou, me deu a vida, e sou sua filha; então, estou aqui na sua presença. Eu acho que só isso basta.

E ela foi introduzindo um outro assunto, dizendo:

Eu acho que ele me conhece... Tanto que, você vê, ele me tirou do fundo do poço. Porque essa cirurgia me levou ao fundo do poço.

E então ela começou a contar *sua última cirurgia*, que praticamente mudou sua vida. Relata uma longa história, que passa por muito médicos, muitas guias, muitos exames, e questões financeiras. Até que:

[...] descobriram que eu tinha um tumor...

E aqui sua voz tremeu.

Os exames continuaram, agora em internações, "...e eles não chegavam a uma conclusão..." sobre a natureza do que tinha.

Por fim era um tumor raro, entre a mama e a costela. Ela foi internada para cirurgia, num grande hospital. O médico chegou bastante tempo depois, e solicitou uma reunião da família, dizendo que:

[...] eu precisava assinar um documento porque eles achavam que ia ter que tirar o meu braço.

E aqui Lídia fez uma pausa mais longa, para segurar um choro. Depois continuou:

[...] Talvez? (Perguntaram ao médico. E ele disse):
"Não. É quase que certo. Então você precisa assinar um documento, porque nós precisamos da autorização sua e da família". Olha! Sabe o que é o chão abrir e você entrar dentro?
Mandaram um rapazinho conversar comigo; não sei, eu fiquei com pena dele. Ele chegou e falou pra mim que ele era psiquiatra. E eu

Psicologia do desenvolvimento religioso

entendi que ele era pediatra (Risos). Aí eu pensei assim comigo: Mandaram esse pediatra falar comigo o quê? Aí ele começou a conversar, perguntou pra mim como é que eu estava reagindo. Eu falei: Como que você acha que eu posso reagir? Eu estou na eminência de perder o meu braço. Aí ele perguntou se eu dormia. Falei: olha, eu durmo. Quando eu acordo eu tenho a impressão que estou saindo de um pesadelo, mas eu durmo. Então ele me disse se eu queria remédio para dormir. Falei: não, não quero. Porque não vai resolver a minha situação. Então não quero remédio. E ele falou pra mim assim: você ficou desesperada com a notícia? Eu falei: por quê? Se eu sair gritando, resolve? Se eu sair gritando resolve, então vou começar a gritar. E ele não soube o que falar. Aí ele me disse assim..., se eu tinha trabalhado com pessoas desse tipo de trabalho social. Eu falei: não, não fiz esse tipo de trabalho. Aí ele disse assim: olha, é uma pena, porque amanhã eu estou indo embora. Mas eu gostaria muito de acompanhar a senhora nesse momento, porque eu fiquei admirado de ver a sua reação.
Na véspera... eu levava as coisa na brincadeira, sabe? Pra ninguém... Porque olha, o Antônio chorava, as criança chorava, eles não sabia como falar pra minha sogra. Você já pensou...

Falou para o marido:

Se eles tirarem meu braço, eu quero saber aonde eles enterraram. Olha, pra você ver a minha preocupação. Eu quero saber onde eles enterraram. Porque afinal de contas é uma parte minha, né? (voz embargada).

E, então, conta como uma pessoa do hospital veio conversar com ela, distrair, dizer que ia dar tudo certo. Até fizeram juntas alguma oração. Sua cirurgia demorou mais de dez horas, ela ficou depois sete dias na U.T.I. Não foi necessário tirar seu braço, mas ela perdeu alguns movimentos, e ficou com marcas ao lado no tórax.
Comentando seu encontro com a enfermeira com quem havia conversado e orado, ela diz:

Só depois... quando eu voltei pro quarto, descobri que ela era uma evangélica. Então, ela ia no meu quarto de noite... e falava pra mim: vamo orar? Ai, eu gosto de orar junto cocê desde o primeiro dia que eu te vi. Então eu acho, assim, que não importa, Deus é um só, né? Eu sou evangélica, você é católica, mas o nosso Deus é o mesmo, não é? Então vamos rezar pra ele. Eu não te falei para você que ele ia te tirar dessa dificuldade? E te tirou, não tirou?
No dia que eu saí da cirurgia... quando eu comecei a voltar a si, as enfermeiras iam aonde eu estava e falavam pra mim assim: Olha! Abre o olho! Não precisou tirar seu braço. Olha pra você ver que maravilha.

Mas ela não pôde sequer prestar atenção, pois sentia muita dor... na mão.

Eu tinha uma dor! Eu não queria saber de braço, eu não queria saber de nada. Eu tinha uma dor desesperada! Eles tinham passado uma faixa na minha mão [e ela me mostra um sinal na mão, e outro no braço], e esta faixa estava cortando a minha mão. E a dor era tão latejante, que eu não queria saber de nada, eu queria que aliviasse aquela dor.

E ela conta, então, seu desespero para se comunicar com as pessoas, estando com tubos na boca e o braço preso, para lhes falar daquela dor insuportável na mão. Falando rapidamente, ela diz:

Eu comecei a arrancar os fios, porque estava tudo entubada, né. Eu arrancava, arrancava, arrancava. Falava: elas vão ter que descobrir o que eu estou tentando mostrar já que elas não entende.

Por fim, depois daquela luta com as enfermeiras, o médico descobre que a faixa estava *cortando a mão dela*. Então:

[...] Eu dormi, porque eu acho que eu não dormia por causa da dor, né. Eu dormi e acordei no outro dia. Aí que eu fui dar conta de mim, que não tinha tirado o braço, e a dor tinha acalmado, né, a dor tinha passado.

Depois de mais detalhes de seu esforço para se comunicar, ela conclui:

Olha..., se o Dr. ... não descobre, eu ia perder a mão. [...] Teve que fazer curativo [na mão]. [...] Se ele não visse... tinha cortado todos os nervos da mão...

E ela comenta:

Olha... por quanta coisa eu passei! Então eu falo assim: Gente, eu estive no fundo do poço. Mas sabe... eu só imaginava: será que Deus está fazendo comigo como ele fez com Jó? Você sabe a história de Jó...?

Ela conta a história de Jó, e depois continua:

E eu imaginava naqueles dias assim: será que Deus está pensando em fazer comigo o que fez com Jó? Tentando deixar que o demônio descubra minha paciência até onde vai? Mas se é isso que ele quer, seja feita sua vontade. E eu saí do fundo do poço, né.

A propósito do apoio que recebeu dos amigos da comunidade, ela diz:

[...] e descobri uma coisa maravilhosa! Quantos amigos eu tenho. Amigos verdadeiros! Então, acho que de todas coisa ruim a gente tira uma coisa boa, né? Nada de mau neste mundo é tão mau. Ele tem um lado bom. E com essa minha doença descobri o que esse povo fez pra mim. Fui carregada no colo até que eu pudesse ficar de pé. [...] Se eu tivesse dinheiro, eu ia ficar imaginando assim: será que eles não estão atrás do meu dinheiro? Mas como eu não tenho dinheiro nenhum...
[...] Pra você descobrir o quanto a tua fé é grande, você tem que estar lá no fundo do poço. E tem que descobrir que você vai ter que sair de lá de algum modo.
Então, era assim, viu? Quando eu estava com dor, eu fazia escândalo, eu gritava. Porque eu sei que se não fizer escândalo, não te socorrem. [...] Mas quando a dor passava, eu brincava, eu contava piada, eu dava risada. [...] Porque chorar não adianta nada, né?

Eu sei que passei por tudo isso... Por qual motivo eu não sei, porque pra gente não interessa saber o que que Ele quer da gente, né? Interessa você cumprir e acabou. Essa é a minha função.

Perguntei, então, qual era sua *prática na comunidade* religiosa atual.

Olha... eu estou voltando. Não posso dizer pra você que já voltei. Eu estou voltando com passos medidos, né? Porque eu tenho muita deficiência, eu fico muito cansada, sabe? Então, eu estou voltando devagarinho.
Mas eu vou falar uma coisa pra você. Quando a gente está participando a gente não consegue ver as coisa. Porque você está dentro. Mas quando você está fora é que você descobre as coisa bonita que fazem, as coisa bonita que as pessoa consegue passar. Quando eu comecei a voltar pra igreja, eu fui na missa um dia, cheguei lá eles estavam fazendo uma apresentação, tinha que apresentar a comunidade. E o que eles fizeram? Eles fizeram uma hóstia. Bem grande. E cortaram ela em três pedaços. E aí cada pessoa entrou com um pedaço daquela hóstia, e em frente ao altar eles uniram ela. Olha, eu achei aquilo tão bonito! Eu achei que aquela pessoa que teve aquela ideia foi uma maravilhosa. Porque eu acho que a comunidade é isso. Tem que unir todas as partes pra ela ter sentido, né?

A partir daqui ela conta o quanto esteve envolvida desde o começo da comunidade, tendo sido coordenadora geral e de várias equipes também. E como a comunidade se formou como um desmembramento de outra, mais distante.

[...] Eu não fui eleita coordenadora, não. Eu botei a cara! Porque alguém tinha que fazer, né?

E contou, com detalhes, casos dos primeiros tempos, dificuldades de conseguir as coisas, as ideias que tinha para solucionar os problemas que surgiam, os contatos com os diversos padres e com o bispo, as realizações, a dureza que foi, a confusão para arranjar tábuas para fazer os bancos da primeira sala de catequese

Psicologia do desenvolvimento religioso

(que era em sua própria casa), o trabalho de carregar esses bancos e as outras coisas para as celebrações no salão, e depois trazer tudo de volta... mas também o prazer de fazer tudo isso.

> Olha... eu não arrependo de nada que eu fiz. Se precisasse... agora eu não tenho mais pique, né? [...] Mas se precisasse eu faria tudo de novo.

E num olhar de conjunto, ela comentou:

> Só quem caminhou com a gente é que sabe a dureza que foi. Mas a gente tinha força, a gente tinha saúde. Mais do que isso, a gente tinha prazer de estar fazendo aquilo. Porque lembra que eu falei pra você que as vez eu ficava chateada? Eu subia ali em cima, ficava lá com as crianças e ficava imaginando assim: meu Deus! Será que eu nasci só pra isso? Pra cozinhar, lavar roupa, passar roupa, fazer comida? Não, eu acho que não nasci pra isso não. Então, o meu espírito já tinha vontade de fazer alguma coisa. E de repente surgiu a oportunidade. Eu estava falando pra você da catequese, que Seu Tarcísio pedia pessoas pra dar catecismo, e um dia eu fui timidamente falar pra ele que eu gostaria de dar catecismo. E aí foi o meu primeiro passo. E de repente eu estou aqui hoje.
> A gente vive numa comunidade, e eu acho que a comunidade precisa da gente. E uma coisa... que eu aprendi, e eu falo isso pras pessoas. Eu era... Eu ficava admirada com minha reação... Se eu estivesse conversando com você eu não saberia o que falar. Eu era tímida. Então, às vezes as pessoas me achava orgulhosa, porque a minha irmã mais velha é espontânea. Eu não; eu ia conversar com as pessoas e não sabia o que falar. Parece que tudo que eu ia falar estava errado. Então, ficava assim trancada. E... de repente eu descobri que eu... podia ser gente, né? Que eu acho que é isso que a gente tem que descobrir: que pode ser gente. Então, eu falo assim: olha, eu consegui me libertar daquela timidez, consegui fazer um trabalho, graças a Deus.
> E... eu falo pras pessoas da comunidade, que eu tenho uma coisa importante: todo mundo é importante. De repente as pessoas aparece aqui, e ele tem vontade de participar. Se vocês não der oportunidade, ele não vai participar. Se tem o que fazer, não faça nada; deixa ele fazer. Porque vai ter dia em que não tem quem faça

e você vai ter que fazer. Que você vai estar sempre ali. Então, eu acho que sempre tem que ter um lugar pra alguém. E ninguém é demais. Pra todo mundo tem um serviço. A gente só tem que descobrir o que a pessoa pode fazer, onde ele é importante. Porque não existe serviço importante, não é...? O que existe é você que é importante. Porque não é o serviço que faz você, é você que faz o serviço. Não é? Então, eu acho, assim, olha: o importante é a pessoa que pode fazer aquele serviço, porque o serviço não faz o homem. O homem é que faz o serviço. E isso a gente aprende na luta, né? Porque como a gente foi muito espezinhado, passado pra trás, doeu muito, né? E hoje a gente sabe que... não faça isso, porque dói. Doeu pra mim, vai doer pros outros.

O caso da tempestade, o caso do administrador, operação espiritual, momentos de oração, sua recente cirurgia, sua prática na comunidade atual, esses foram os passos da conversa que tive com Lídia.

UMA VISÃO DO TODO DA ENTREVISTA

Lídia teve uma educação religiosa considerada por ela mesma como tradicional dentro do catolicismo, daquelas em que *tudo era pecado*. Isso como que dá um ponto de partida do caminho que ela vai narrar. Com o passar do tempo, foi adquirindo uma visão diferente das coisas. Ela superava o catolicismo de tipo tradicional, superava a ideia de uma religião em que tudo é pecado, uma religiosidade austera, de proibições, ameaças e culpas, em direção a uma religiosidade de mais liberdade, e de possibilidade de ser o que se é. "E... de repente eu descobri que eu... podia ser gente, né?". E a sua experiência religiosa foi o processo de descoberta de sua própria humanidade.

Nesse caminho um momento importante foi o de sua abertura para uma vivência comunitária mais ativa. Ela descobriu e assumiu que sua vida não precisava ficar restrita à casa, ao tan-

que e à cozinha, que isso não a satisfazia. "[...] Será que eu nasci só pra isso? Pra cozinhar, [...] meu espírito já tinha vontade de fazer alguma coisa. E de repente surgiu a oportunidade". O começo foi se oferecer para trabalhar com catequese de crianças: "Aí foi o meu primeiro passo". Mas depois seu envolvimento foi cada vez mais profundo a ponto de ela se tornar uma líder na comunidade e no bairro. "E de repente eu estou aqui hoje. [...] Eu botei a cara! Porque alguém tinha que fazer, né?" E a avaliação que ela faz hoje, muito tempo depois do começo, é extremamente positiva. Para ela tudo valeu a pena. "Eu não arrependo de nada que eu fiz. Se precisasse... eu faria tudo de novo".

OS ELEMENTOS SIGNIFICATIVOS DA EXPERIÊNCIA RELIGIOSA

Quando perguntei sobre sua "maior experiência de Deus", o que Lídia contou foi o *caso da tempestade*. Ela gritou para Nossa Senhora, e ela atendeu. "No mesmo momento a tempestade sumiu." O que de primeiro aparece é o caráter extraordinário do acontecimento. "E foi um milagre, pra mim foi um milagre, porque a chuva passou na hora".

Nessa ocasião ela era uma mocinha de 15 anos, portanto, numa fase inicial de todo o caminho que fará depois, e com a visão das coisas que tinha na época. Essa visão, de algum modo, ainda se faz presente na memória e em sua forma de ver as coisas até hoje. Lídia não a nega. "Quando a gente chama Nossa Senhora, qualquer santo da proteção da gente, eles atende! Se a gente está em perigo, eles atende sim". É a experiência de uma proteção extraordinária. Mas ela diz: "Para mim foi como se Nossa Senhora tivesse naquele momento pegado a tempestade e tirado ela do nosso lado". O *Para mim foi como se*: é essa maneira de ver que faz mais sentido para ela, que dá conta de forma mais global do que está acontecendo, e que, portanto, integra sua experiência.

Depois, num segundo comentário do episódio, o extraordinário já não é mais o cessar da tempestade, mas a presença providencial de um toco de árvore. "E providencialmente apareceu aquele toco. É engraçado que a gente sempre passava lá e eu nunca tinha prestado atenção... o jeito que ele era. E aquele dia ele foi providencial". O caráter extraordinário, aqui, está na simples presença de um objeto anteriormente despercebido. E Lídia passa naturalmente de um detalhe a outro, como se estivesse falando de uma só coisa. É que tanto o cessar da tempestade como o aparecimento do toco são manifestações de uma mesma coisa: a proteção especial de Deus (pela mediação de Nossa Senhora, ou qualquer santo ou anjo da proteção). A experiência de Deus é, pois, mais uma experiência da proteção especial, pessoalmente sentida, e da qual aspectos admiráveis (miraculosos, providenciais) são apenas manifestações.

Consideremos ainda que esse primeiro episódio relatado não foi uma experiência de conversão, no sentido de algo totalmente novo e que mudou sua vida. Foi uma experiência marcante, mas que se inseria numa vida que já era religiosa. O sentido expresso de ter sido uma experiência de Deus cabe nesse contexto, e por ter sido marcante, de alguma forma confirma o valor do religioso em sua vida.

É interessante notar, finalmente, a forma como Lídia constrói sua oração ou seu grito de socorro. Literalmente ela não pede nada, mas simplesmente expõe a situação: "minha Nossa Senhora, nós vamos morrer aqui, e os outros não vão nem ficar sabendo". O pedido é implícito. É como se dissesse somente: olhe nossa situação! Isso pressupõe uma relação de confiança. Deus, ou a santa, é que sabe a solução, ou tem o poder. O pedido é, na verdade, um simples colocar-se nas mãos do transcendente, uma reafirmação quase familiar de uma relação cotidiana de dependência e confiança, a propósito de uma situação de necessidade. Essa mesma forma de orar é a que aparece quando ela comenta, depois, sua experiência de oração.

No *caso do administrador* a ameaça que pairava sobre ela era uma "tentação". Ela poderia ter "se prostituído" (foi a palavra que usou na primeira entrevista, não gravada). Ela conseguiu se preservar também por proteção de Deus. E o lado admirável nessa situação foi que ela, sendo tímida e não sabendo responder bem às pessoas, apesar disso teve a resposta adequada, graças à qual se livrou do assédio do administrador. "não entendia onde eu tinha arrumado aquela resposta, [...] consegui me sair muito bem, né? Mas eu acho assim que sempre é Deus". Ela se saiu bem nessa situação, e em outras parecidas nessa época de sua vida, livrando-se de assédios que implicavam até em risco de vida, algumas vezes. "Eu cheguei a ser tão perseguida, que eu cheguei a correr risco de vida na rua. Naquela época". Hoje, olhando para trás, ela afirma: "Eu sempre tive a proteção de Deus". Mais uma vez, sua experiência religiosa é a de uma proteção especial de Deus, constante, que se mostra de forma admirável, em certas situações de ameaça ou perigo.

Antes da conversa gravada ela havia me contado também o caso da janela quebrada: como não tinham dinheiro para consertar um grande buraco em sua janela, a vedação foi feita com jornal, e apesar de sua casa estar em rua movimentada, não houve nenhum assalto ou roubo. Esse caso confirma o que dissemos. O admirável foi o fato de não ter acontecido algo ruim. Foi dessa forma que se manifestou a proteção de Deus.

Essa mesma proteção se mostra por caminhos surpreendentes no *caso da operação espiritual*. Foi pelas mãos de pessoas de outra religião, também instrumentos de Deus, que ela foi curada. "Por intermédio de outras pessoas, Ele nos socorre, né? [...] acho que toda fé leva a Deus. [...] eles conseguem ajudar outras pessoas, como me ajudaram".

É interessante notar aqui o relacionamento de Lídia com religiões diferentes da sua. Elas também são caminhos, seus fiéis são filhos de Deus e instrumentos de sua vontade. Ela tem um profundo respeito, dentro de seu temor, por isso. "Se eu não acredito e não desacredito, eu não sou pessoa de ficar abusando. Só que eu tenho muito medo dessas coisa, porque eu não entendo. Aí eu fiz tudo que eles tinham pedido". Uma atitude semelhante vai aparecer quando ela ora com a enfermeira evangélica no hospital. Embora ela seja católica praticante, sua experiência religiosa ultrapassa barreiras rígidas de uma igreja fechada.

Conversando sobre seus momentos especiais de estar na presença de Deus, *momentos de oração*, ela diz que não é uma pessoa "que vive rezando, lendo a Bíblia", ou "rezando o terço antes de dormir". O apoio de sua experiência religiosa não são fórmulas ou práticas específicas e frequentes. Ela chegou mesmo a deixar outra pessoa meio *"escandalizada"* com isso. É mais como uma atitude, que se espalha pela vida, como um sentimento de ser ou estar nessa relação com o transcendente: "então eu acho que pra Deus a gente não precisa de muito diálogo. Ele nos entende, porque foi ele que nos fez. Então, ele nos conhece".

No entanto, ela tem seus momentos de oração também. Quando "tenho vontade de" me "voltar para Deus, normalmente eu canto". É uma expressão poética, corporal, livre de utilidades imediatas. Assim, também a outra forma que ela às vezes usa. "Mas eu sempre digo: Senhor, eu estou aqui... O Senhor me fez, me criou, me deu a vida, e sou sua filha; então estou aqui na sua presença. Eu acho que só isso basta". Como no caso da tempestade, não há um pedido específico, mas um recordar-se da relação de criatura com seu criador, mas que é ao

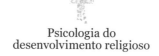

Psicologia do desenvolvimento religioso

mesmo tempo um colocar-se confiante e dependente na presença desse criador.

O salmo preferido por ela também não contém um pedido. É mais um olhar contemplativo para as belezas de Deus, ou do mundo à luz do religioso, e mesmo para o lugar especial que o ser humano ocupa nesse mundo. "Teu nome é, Senhor, maravilhoso; por todo universo conhecido". E: "Olhando pro céu que tu fizeste, pra lua, pras estrela tão bonita, indago o lugar que cabe ao homem; mais vale aos teus olhos a sua vida". Olhar para o divino a faz descobrir o humano.

Para Lídia, a oração é a consciência de uma presença, transcendente e real, expressando-se de acordo com o momento (momento de necessidade, momento de contemplação). Sob esse aspecto a experiência religiosa é a própria vida humana, vivida na relação com essa presença.

O que resume sua experiência religiosa a propósito de sua *recente cirurgia* é esta expressão: "Ele me tirou do fundo do poço". Humanamente foi uma experiência radical de perda dos apoios da vida: "Olha... sabe o que é o chão abrir e você entrar dentro?".

Mas eis como ela interpreta a situação vivida: "[...] Deus está pensando em fazer comigo o que fez com Jó? Tentando deixar que o demônio descubra minha paciência até onde vai?". E em outro momento: "Pra você descobrir o quanto a tua fé é grande, você tem que estar lá no fundo do poço".

O que corresponde à vivência da relação com Deus como uma presença protetora, do lado dela, é um "seja feita sua vontade". Em outro momento ela comenta: "Eu sei que passei por tudo isso... Por qual motivo eu não sei, porque pra gente não interessa saber o que Ele quer da gente, né? Interessa você cumprir e acabou. Essa é a minha função".

É ter consciência da relação e entregar-se. Mas isso implica um enfrentar a situação. "E tem que descobrir que você vai ter que sair de lá", do fundo do poço,"[...] Quando eu estava com dor, eu fazia escândalo [...]. Porque eu sei que se não fizer escândalo, não te socorrem. [...] Mas quando a dor passava, eu brincava [...]".

Apesar da dramaticidade da situação, havia, paradoxalmente, uma certa leveza. "Eu levava as coisa na brincadeira, sabe?". Ou: "Se eu sair gritando, resolve? Se eu sair gritando resolve, então vou começar a gritar. E ele (o psiquiatra que viera para consolar e dar apoio) não soube o que falar". Ele percebeu algo diferente em Lídia. Ela se lembra que ele lhe disse: "eu fiquei admirado de ver a sua reação".

Um outro ponto importante na experiência dessa cirurgia é que o corpo é muito valorizado por Lídia, e serve de guia, muitas vezes, para o que ela deve fazer. Isso corresponde ao fato de que muitas vezes para ela orar é cantar. Essa valorização do corpo aparece, por exemplo, quando ela, emocionada, diz: "Se eles tirarem meu braço, eu quero saber aonde eles enterraram". Em outro momento, quando ela ia contar uma coisa tão importante como o fato de que não foi necessário perder o braço, e de como isso foi uma proteção de Deus, ela se lembra de outro detalhe: a dor que sentia na mão, e a necessidade de reagir para aliviar. "[...] Eu tinha uma dor desesperada! Eles tinham passado uma faixa na minha mão e esta faixa estava cortando a minha mão [...]" Só depois de resolvido o problema, e de ela ter dormido "até o outro dia", é que ela foi tratar de ver o braço que estava lá. "Aí que eu fui dar conta de mim, que não tinha tirado o braço, e a dor tinha acalmado, né, a dor tinha passado". Ou seja, no caso de Lídia, uma valorização do corpo faz parte dessa leveza consequente à entrega.

Finalmente, também fez parte dessa experiência essa coisa tão gratificante de se sentir no meio de uma rede afetiva. "Descobri uma coisa maravilhosa! Quantos amigos eu tenho. Amigos verdadeiros! [...] me carregaram no colo até que eu pudesse ficar de pé". E refletindo sobre essa amizade ela conclui: "É só por amor que você pode fazer tudo isso, né? Que não tem dinheiro que pague".

Psicologia do
desenvolvimento religioso

É como se aquela presença que está no âmago da experiência religiosa se estendesse para a solidariedade humana. A experiência afetiva daquela amizade tão concreta era ao mesmo tempo a experiência de um amor que tem sua fonte no mesmo Deus em quem ela e os amigos confiam e a quem se entregam. É alguma coisa que não é mensurável em termos financeiros: não tem preço.

A narrativa dessa situação recente permite-nos, então, descrever alguns outros pontos de sua experiência religiosa: vivência de uma relação com um Deus protetor, como já tínhamos visto, mas, de seu lado, um entregar-se na fé. E que isso não a retirava da luta para uma espécie de conformismo, mas, pelo contrário, a liberava para um enfrentamento das situações. E nesse enfrentamento muitas vezes o seu corpo lhe dava as pistas necessárias. E nele também a solidariedade humana se transfigurava. Algumas dessas coisas vão se confirmar com a narrativa de sua experiência comunitária.

É no meio da conversa sobre a experiência de Deus que ela conta de seu *envolvimento mais ativo com a comunidade*. Isso se deu a partir de uma tomada de consciência da insatisfação com sua vidinha fechada dentro de casa. "Eu acho que não nasci pra isso não. Então, o meu espírito já tinha vontade de fazer alguma coisa". Uma insatisfação de vida, um espírito que já tinha vontade, e um agir. No dinamismo de sua experiência religiosa, ela responde com atos concretos.

O início foi tímido. Mas depois sua vida se ampliou de forma inimaginável. "Eu fui timidamente falar pra ele que eu gostaria de dar catecismo. E aí foi o meu primeiro passo. E de repente eu estou aqui hoje!". Há uma iniciativa pessoal para o primeiro passo. E isso se repete a cada nova etapa. "Eu não fui eleita coordenadora, não. Eu botei a cara! Porque alguém tinha que fazer, né?".

Há uma insatisfação, uma confiança em si, a descoberta de um serviço, uma iniciativa tímida e um envolvimento progressivo. E o resultado: "eu não me arrependo de nada que eu fiz.

Se precisasse eu faria tudo de novo". O combustível de toda essa caminhada, além da força e saúde da juventude, foi: "a gente tinha prazer de estar fazendo aquilo".

E ela foi descobrindo uma série de coisas. "Comunidade é isso: tem que unir todas as partes pra ela ter sentido [...]. Todo mundo é importante [...] só tem que descobrir... onde ele é importante".

Mas essas descobertas externas eram possíveis graças a uma descoberta interna. "Eu era tímida, [...] de repente eu descobri que eu... podia ser gente, né? [...]me libertar daquela timidez, consegui fazer um trabalho, graças a Deus". Assim como ela descobriu que sua vida anteriormente estava insatisfatória e que ela não havia nascido para isso, também descobriu que sua timidez podia ser vencida. E isso foi o início de um grande trabalho.

Como ela foi descobrindo essas coisas? No enfrentamento. A propósito da descoberta da importância das pessoas ela diz: "E isso a gente aprende na luta, né? Porque como a gente foi muito espezinhado [...] a gente sabe que [...] dói. Doeu pra mim, vai doer pros outros".

A grande lição que resume tudo: "eu acho que é isso que a gente tem que descobrir: que pode ser gente". Foi isso que ela descobriu e é isso que ela quer para os outros.

Em que essa descoberta do humano é uma experiência religiosa? Sua religião poderia ter se desenvolvido no sentido de uma maior separação entre Deus, ou o mundo do transcendente, e o mundo real em que vivemos. Mas, na verdade, parece ter sido o contrário: ela é que foi a inspiração desse caminho de integração. É a partir de sua fé que Lídia diz que temos que descobrir que podemos ser gente, e, em ligação com isso, que todo mundo é importante.

Mostrei para Lídia a transcrição de seu depoimento c essa busca de elementos significativos com um esboço de síntese. Sua reação foi dizer que eu havia tornado mais claro o que ela tinha dito de forma mais embaralhada. Não propôs nenhuma mudança específica, espantou-se de dizer muitos "*né*", sentiu-se mais à vontade com o uso de nomes fictícios e consentiu com o uso do depoimento na pesquisa.

PONTOS PARA UMA SÍNTESE

Qual a estrutura da experiência religiosa que se revela no relato de Lídia? A busca de elementos significativos (que corresponde a uma primeira leitura do relato) foi permitindo chegarmos a algumas características dessa experiência. Foi feita, então, uma segunda leitura, partindo da busca dos elementos significativos (apresentada anteriormente), selecionando desse segundo texto as expressões mais características. Essas expressões selecionadas foram usadas, então, para construir frases completas e mais ou menos independentes (sempre levando em conta o depoimento como um todo e o objeto da pesquisa). Nessas frases, que são as que se seguem, as expressões selecionadas estão grifadas:

1) o <u>caráter extraordinário do acontecimento</u> vivido faz parte da experiência;

2) uma <u>maneira de ver</u>, que evidencia um <u>sentido</u>, <u>integra</u> essa <u>experiência</u>;

3) é a experiência de uma <u>proteção especial</u> de Deus, <u>pessoalmente sentida;</u>

4) essa proteção pode ter <u>aspectos admiráveis</u>: <u>miraculosos</u> (inexplicáveis pelos caminhos normais) ou <u>providenciais</u> (portadores de uma intenção) (mas pode também estar inserida na vida cotidiana, sem o caráter miraculoso);

5) o acontecimento relatado <u>insere-se numa vida que já era religiosa</u>, e <u>a confirma</u>;

MAURO M. AMATUZZI

6) a experiência inclui a reafirmação de uma relação cotidiana de dependência e confiança para com Deus, a propósito de uma situação de necessidade;

7) é a experiência de uma proteção especial de Deus, constante, que se mostra de forma admirável, em certas situações de ameaça ou perigo;

8) a experiência ultrapassa barreiras rígidas de uma igreja fechada, isto é, o que nela se manifesta não se deixa limitar pelo contexto de uma instituição religiosa, mesmo que seja aquela com a qual a pessoa se identifica. A experiência religiosa é pessoal e não institucional;

9) é como uma atitude ou sentimento de ser ou estar nessa relação com o transcendente (a propósito da oração);

10) há um recordar-se da relação de criatura com seu criador que é ao mesmo tempo um colocar-se confiante e dependente na presença desse criador (a propósito da oração);

11) é a atualização da consciência de uma presença, transcendente e real, expressando-se de acordo com a natureza do momento (a propósito da oração);

12) a experiência religiosa é a própria vida humana, vivida na relação com essa presença, enquanto passível de uma tomada de consciência;

13) é a própria perda dos apoios humanos da vida, mantendo, contudo, um apoio mais radical na relação vivida com Deus;

14) a a consciência da relação com Deus, como único apoio em momentos de risco, aliada a um entregar-se confiante, e implicando em seguida um novo modo de enfrentar a situação;

15) essa experiência, na medida em que assumida, produz, como efeito próprio, uma certa leveza de vida, um certo humor;

16) faz parte dessa leveza uma valorização do corpo, passando ele a ser assumido como guia ou pista para o que se deve fazer, ou como expressão do que se passa ou dos compromissos da pessoa;

17) também faz parte dessa leveza um <u>sentir-se no meio de uma rede afetiva</u> de pessoas, fundamentada exatamente numa mesma comunhão, a qual <u>transfigura</u> a percepção dessa rede de solidariedade e afeto;

18) juntamente com o lado ativo pessoal de um <u>entregar-se na fé</u>-confiança, existe um novo empenho no <u>enfrentamento das situações</u> (= 14);

19) da dinâmica do entregar-se da fé, e em consequência disso, na vida do dia a dia existem <u>respostas com atos concretos</u>;

20) essa dinâmica pode se dar como num ciclo: <u>há uma insatisfação</u> pessoal, <u>uma confiança em si, a descoberta de um serviço, uma iniciativa tímida e um envolvimento progressivo</u>;

21) aquela consequente leveza de vida, então, toma a forma de <u>prazer</u>;

22) a dinâmica da experiência religiosa transportada para a vida cotidiana, leva à descoberta da própria humanidade (*é isso que a gente tem que descobrir: que pode ser gente*), e, a partir daí, da <u>comunidade</u> humana concreta, e do valor das pessoas;

23) A dinâmica da experiência religiosa é a dinâmica de uma <u>integração entre o mundo do transcendente e o mundo real</u>, cotidiano, <u>em que vivemos</u>.

Essa lista de frases dá uma ideia da experiência numa linguagem ainda intermediária entre a própria linguagem de Lídia e a formulação de uma estrutura mais geral. A passagem para o nível mais geral pode ser feita se, a propósito desses 23 pontos, nos perguntarmos de que estrutura de experiência eles são a manifestação particular (sobre síntese particular e síntese geral, cf. GIORGI, 1985). Desse procedimento resultaram os pontos a seguir:

1) A experiência religiosa é basicamente a *experiência de uma relação com o absolutamente transcendente* (que para Lídia é Deus, o Criador e Senhor de todas as coisas), porém *como*

presença atual que se manifesta em acontecimentos, mas que é também presença constante se manifestando na consciência de uma dependência absoluta (que Lídia expressa como consciência de ser criatura, dependente de seu Criador e Senhor), e que pode ser evocada a qualquer momento numa atitude de oração.

No caso de Lídia essa presença e relação às vezes toma o aspecto de algo extraordinário, "miraculoso", que exige mais que as explicações naturais, mas também pode ser percebida pelo aspecto "providencial" do que ocorre, quando portador de uma intenção, ou, mais simplesmente ainda, como "consciência de ser criatura" e viver na relação com o Criador. Lídia também admite intermediários, mensageiros ou instrumentos, os anjos e santos que invocamos, ou mesmo outras pessoas de quem Deus se utiliza.

2) Essa relação com Deus tem como que dois lados: experiência de *uma presença* e de *uma resposta humana*. Mas não são dois momentos separados, pois é na resposta que a presença é assumida, mesmo sendo ela resposta a algo que se manifesta.

Para Lídia a experiência da presença de Deus (ou algum de seus mensageiros) se apresenta sob a forma da experiência de uma proteção especial sentida pessoalmente, ou seja, é a experiência de uma "presença protetora". E a resposta humana se configura como uma "entrega absoluta e confiante".

A experiência da presença, para ela, não se dá apenas no âmbito da instituição religiosa de fé comum, ou sob seu patrocínio oficial, digamos assim. Ela pode ser sentida, ou experimentada, fora da comunidade de identificação religiosa, junto a pessoas de outra religião ou outra confissão, que são vistas, então, como instrumentos dessa presença. O que significa dizer que é mais uma "experiência pessoal" do que institucional.

Além disso, para Lídia, essa presença se manifesta preferencialmente "em situações de necessidade, carência, ameaça ou perigo".

Quanto ao lado de resposta humana, para Lídia, é inicialmente um abandono completo ao poder de Deus, um "entregar-se", um "cumprir", um "seja feita sua vontade", porém ativo, como ato ou disposição da pessoa.

3) Mas esse abandono acaba gerando depois um *enfrentamento ativo das situações, no clima da confiança da entrega*. Ou seja, passa a ser uma outra forma de relação com o mundo, que não tem nada de passividade ou conformismo. No caso de Lídia isso fica claro desde o momento em que ela puxa seu irmãozinho para perto do toco, na tempestade, e se manifesta também pela forma como ela reagiu face aos problemas particulares de sua última cirurgia, ou face às exigências e questões da vida comunitária, por exemplo. A palavra que para ela o expressa é "luta".

4) Essa experiência é diretamente relacionada com uma certa *leveza de* vida que dela decorre, que no caso de Lídia assume aspectos de "alegria, humor, prazer, uso flexível do próprio corpo" como pista do que deve ser feito ou expressão dos estados de espírito, e de uma espécie de "transfiguração do olhar" que permite uma outra compreensão das coisas.

5) É uma experiência que inclui a *compreensão de seu significado* religioso, para aquele que a vivencia, isto é, faz parte do experienciado a compreensão (espontânea, anterior a elaborações mais sofisticadas), de que se está vivenciando uma relação especial, com o transcendente, ou, como diria Buber, com o absolutamente independente de nós.

Para Lídia, a experiência inclui o "tipo de olhar novo", que depois acaba se espalhando para outros momentos da vida.

Teoricamente essa inclusão da compreensão do significado implica a possibilidade de recusa. Só se pode dar conta plenamente da experiência a partir de seu interior, o que significa que a passagem é um salto. Contudo, fenomenologicamente se deve afirmar que existe um dar-se conta real a partir de seu interior.

6) Existe uma *dinâmica processual* na experiência, *que a aprofunda e confirma*. Quer dizer, não é apenas uma experiência que existe como acontecimento isolado, mas toma consistência no interior de uma vida que já era de certa forma atravessada pela vivência de uma relação (no caso de Lídia a experiência toma consistência no interior de uma vida que "já era religiosa", se bem que de uma forma ainda tradicional), e, por outro lado, desencadeia novos passos nessa mesma vida ("respostas pessoais e novos discernimentos"), confirmando e purificando o significado da relação anterior. Ou seja, a experiência religiosa não é apenas um acontecimento, mas também todo um processo, que se confirma e se aprofunda.

7) Nesse processo há uma *aceitação e potencialização de si próprio*, como ser humano, *uma valorização da pessoa e da comunidade*, na solidariedade, por meio de uma integração com o divino. No caso de Lídia foi a descoberta, no contexto de toda sua experiência religiosa como processo, de que "se pode ser gente", seu "envolvimento progressivo com a comunidade", e seu "compromisso crescente com o valor das pessoas" para além dos serviços. Esse encontro com o humano se dá justamente no clima de uma integração do divino no mundo.

8) Podemos destacar esse último aspecto como um ponto à parte: a experiência religiosa como processo é uma *experiência de integração entre o divino e o mundano*, sendo que esse adquire novo sentido a partir daquele, e um sentido que manifesta sua própria natureza mais profunda. No caso de Lídia isso não chega a ser verbalizado ou tematizado plenamente, mas é o que se manifesta em vários momentos de seu relato em que os episódios são vividos em si mesmos, mundanos, mas ao mesmo tempo são entendidos sob uma luz nova, compreendidos em um contexto mais abrangente.

9) Fazem parte da experiência religiosa como processo as experiências de *provação*, *confirmação*, *novas descobertas* e

novos posicionamentos. No caso de Lídia as provações que ela menciona ocorreram a propósito de situações de "falência de apoios humanos" ou de "insatisfações pessoais", as confirmações se deram por ter ela "saído do fundo do poço" ou "tomado iniciativas transformadoras", as novas descobertas se referem ao "valor pessoal" no contexto da comunidade, e os novos posicionamentos se referem ao "progressivo envolvimento dela com a vida ou a comunidade", por exemplo.

CONSIDERAÇÕES FINAIS

Vamos dividir essa discussão em três momentos.

1) *Aproximação entre o relato de Lídia e os autores citados*

Resulta dessa aproximação uma confirmação mútua em muitos pontos, e alguns enriquecimentos que a experiência de Lídia pode trazer.

À luz das considerações de Tomka sobre a religião nos tempos pré e pós-modernos (TOMKA, 1997), a experiência de Lídia parece ser a de uma religiosidade que evolui de um contexto mais tradicional, ligado a uma sociedade rural, para um contexto pós-moderno, posicionando-se aí a partir de um polo interior de integração, baseado numa experiência relacional cada vez mais inserida neste mundo. No seu caso, esse movimento pode ter acompanhado uma migração do campo para a cidade, mas que não se perdeu numa atitude de recusa do mundo, ou fechamento em um mundo privado pessoal ou sectário. Há uma aceitação do mundo como ele é, e uma constante tomada de posição face a ele a partir de uma fonte pessoal de integração, forjada em experiências de relação.

Um importante ponto de virada parece ter sido o momento em que Lídia reagiu diante de uma vida fechada que não a podia satisfazer mais, tomou uma decisão ainda sem saber muito bem a totalidade das consequências, e iniciou timidamente uma caminhada no seio da comunidade, que foi evoluindo e envolvendo sua pessoa cada vez mais. E isso é típico da terceira atitude mencionada por Tomka. E é na trama dessa caminhada que foram tomando consistência real suas relações com Deus, totalmente independente de nós, que, no entanto, fornece um sentido último à vida. É interessante comparar esse ponto de virada, uma decisão, com o fato que Lídia relatou como uma de suas maiores experiências de Deus: *o caso da tempestade*. São bem diferentes, e, no entanto, para ela existe uma continuidade entre um e outro: para ela é o mesmo Deus que se faz presente protegendo, num caso, e libertando o poder pessoal por caminhos viáveis, no outro.

O relato de Lídia segue um pouco o percurso de sua própria vida, da adolescência para a idade adulta e depois para a meia-idade. E as diversas fases de sua experiência são valorizadas no contexto desse processo. Talvez, por isso, à luz do conjunto, pudemos ir além do milagroso do primeiro caso, e aí encontrar também uma outra coisa, essencial, que vai se manifestando aos poucos: a experiência de uma relação com uma presença. É isso que aparece no caso da tempestade, em sua oração, na provação de sua última doença, que justifica também seu dinamismo atuante na comunidade, e que acaba despontando como a relação com um sentido radical. Esse é um ponto central que, de formas diferentes, foi enfatizado tanto por Meslin, como por Vaz e Buber.

O aspecto abrumador (obscuro e talvez tenebroso) da experiência religiosa para Buber e Otto talvez se aproxime mais daquilo que Vaz chama de experiência do Sagrado. Esse aspecto não é muito evidente nos relatos de Lídia. Predomina aí a confiança da fé. E embora essa confiança seja posta à prova em situações difíceis, ela vai se confirmando. O humor e a alegria

estão mais presentes no relato de Lídia do que a gravidade ou a obscuridade.

Quanto ao aspecto de evolução da experiência, o relato é bastante claro: a religiosidade da adolescente de 15 anos e da senhora de 60 são bem diferentes, embora haja um eixo comum ao longo do qual ela se desenvolve. E o fato de isso não ter sido tematizado através de conceitos novos, só reforça o fato de que a evolução não é algo que ocorre exatamente nem primeiramente no plano das ideias, e sim no plano propriamente experiencial, de fé, de compreensão da presença, na presença. É claro que isso poderá ter depois sua conceitualização. Mas ela é sempre secundária, derivada, subsidiária em relação à experiência, por mais necessária e funcional que possa vir a ser.

O relato de Lídia ilustra também o fato de a experiência religiosa não poder se confundir com a experiência mágica, gnóstica ou da subjetivização (ou talvez psicologização?) da fé, conforme nos fala Buber (1984). Não há controle, pelo contrário, há um abandono, uma entrega incondicional. No entanto, daí nasce um enfrentamento ativo posterior, muito diferente do controle mágico, e que nossa análise de Meslin e Buber não evidenciou. Não há tampouco uma tentativa de desvendar os mistérios divinos transformando-os em algo a nosso alcance. Pelo contrário: a pureza da experiência aponta na direção de um respeito pela alteridade. E também não há, na estrutura para a qual aponta, o excesso de reflexão que a psicologiza.

Quanto à hipótese básica de Hardy, retomada por Hay (1994), segundo a qual a consciência religiosa é natural à espécie humana e tem valor de subsistência para o indivíduo, ela é ilustrada pela experiência de Lídia, pelo menos em sua segunda parte. Foi essa consciência que lhe abriu os caminhos para um desenvolvimento pessoal. E se o caráter "natural" dessa experiência for entendido como não terrível ou esmagador, como sugerem certas descrições, também Lídia o ilustra.

Quanto às categorias criadas a partir dos relatos colhidos por Hardy (citadas por HAY, 1994), as três primeiras (acontecimento percebido como portador de uma intenção; experiência da presença de Deus; e de receber ajuda em resposta a uma prece) são certamente ilustradas pela experiência de Lídia. O sentimento de ser cuidado ou guiado por uma presença não chamada de Deus (quarta categoria de Hardy) também pode ser ilustrado pelo *caso do administrador*, mas com a diferença de que para Lídia essa presença é a de Deus; ela não tem nenhuma dúvida disso. Para ela, no entanto, a experiência tem um caráter mais indireto, embora imediato.

A definição de experiência religiosa que orientou o estudo de Tamminen (1994) (experiência na qual se conecta com um senso de dependência ou de ligação com Deus, o divino, e o transcendente) também serviu como orientação para a coleta de nossos depoimentos. Ela pode ser uma definição limitada, como comenta Tamminen. De fato, não é imediata a ligação que Lídia faz de seu envolvimento comunitário com a experiência de Deus; isso surge como uma compreensão mais profunda do conjunto de seu relato.

Lídia também ilustra a conclusão de Tamminen, segundo a qual muitas das experiências religiosas relatadas estão contextualizadas em situações de emergência, perigo, doença, dificuldades.

2) *A estrutura levantada a partir da experiência de Lídia em confronto com as afirmações de outros estudiosos*

A ideia aqui é que a estrutura que foi evidenciada a partir do relato de Lídia, curiosamente, permite uma espécie de síntese dos autores mencionados, para além das diferenças de perspectiva.

A *relação com o transcendente como presença atual*, é enfatizada tanto por Meslin como por Buber, e é um dos aspectos centrais nas pesquisas de Hay e Tamminen. Na verdade, é o

Psicologia do desenvolvimento religioso

centro da experiência religiosa. Porém, essa relação é bastante diferente de qualquer outra relação intramundana que possamos ter. Daí porque dizer somente isso não é suficiente para descrevê-la. E nossos autores sabem bem disso.

O segundo ponto de nossa síntese, a partir do relato de Lídia, é justamente que essa relação tem dois aspectos, que são como que dois lados de uma moeda, e que não podem ser separados: experiência de uma *presença* e, ao mesmo tempo, a experiência da *resposta humana*. Isso quer dizer que a presença só se revela plenamente como tal, na resposta. Meslin deixa isso muito claro. Para Buber é o caráter abrumador da experiência. Há uma entrega. E é ela que permite o desdobramento do revelado, e é nesse desdobramento que ele manifesta toda a sua característica.

Na verdade, as coisas aqui são bastante complexas, e nem mesmo essa última formulação é perfeita, pois pode ser entendida como se a resposta humana não tivesse nada a ver com a presença que se manifesta, o que não é o caso. Faz parte da descrição fenomenológica da experiência religiosa o fato de ela ser vivida como um dom. E isso também é evidenciado por Meslin, e pela consciência aguda da alteridade que ela implica, em Buber. Poderíamos aproximar isso de nosso quinto ponto: essa experiência *inclui a compreensão de seu significado*. Todo processo é vivido como unidade, como uma única experiência, mesmo que para bem explicá-lo, devamos descrever momentos diferentes.

Nosso sexto ponto o explicita ainda mais: existe uma *dinâmica processual na experiência* que a aprofunda e confirma. E a essa luz poderíamos dizer que esse aprofundamento e confirmação já estão presentes em seu núcleo primeiro, independentemente do fato de que isso venha a se desdobrar ainda mais posteriormente. Isso tem a ver com a depuração da experiência religiosa de que falávamos com Buber.

Talvez pudéssemos dizer que a experiência religiosa tem dois polos que variam em intensidade. Quanto mais intenso seu polo objetivo, de revelação, mais apagado fica seu polo subjetivo, de entrega; porém não inexistente. E quanto mais intenso seu lado subjetivo de entrega, mais apagado fica seu lado de revelação; porém não inexistente.

Os outros pontos se referem mais a consequências, porém, em termos da dinâmica processual, ainda devemos dizer que essas consequências não lhe são totalmente exteriores. Recordemos, pois, esses pontos.

O quarto deles fala de uma certa *leveza de vida* que se segue quase como um alívio ou paz. O terceiro e o sétimo estão relacionados com uma certa transfiguração ativa da vida: há uma *redescoberta e potencialização de si e da comunidade*, e bem poderíamos dizer, da natureza (e isso está relacionado com o "olhar novo", que aparece no quinto ponto), e a partir daí *um enfrentamento ativo das situações*, para além da entrega ou abandono inicial, e no mesmo clima da confiança.

O oitavo ponto, *experiência de integração entre o mundano e o divino*, pode ser entendido também como um aspecto da transfiguração consequente. O sentido último do mundano se dá pelo divino. Mas isso mostra também que não podemos dizer que tal visão nova seja uma consequência externa à experiência original: a própria experiência original pode ser exatamente essa descoberta desse sentido último. E aqui o paralelo mais claro é com Vaz: a experiência de Deus como experiência do Sentido Radical.

E, finalmente, o nono ponto vem falar de *provações, confirmações, novas descobertas e posicionamentos*. Interessante o termo "provação". Faz parte da experiência a possibilidade de uma reversão (que James chamava de "conversão" também, embora conversão à não religião). O que mais uma vez afirma que não se trata de uma experiência meramente cognitiva, nem meramente afetiva, mas integral, da pessoa como um todo.

Se quiséssemos condensar tudo isso em alguns poucos pontos diríamos que:

1) a experiência religiosa é a experiência de uma relação com o absolutamente transcendente, vivida na trama da vida cotidiana da pessoa, e que tem dois polos: experiência de uma presença divina, e experiência de uma resposta humana;

2) ela inclui a compreensão de seu significado religioso, e isso quer dizer que só é possível dar conta completamente dela a partir de seu interior;

3) como seu objeto é algo extramundano, e ela ocorre inteiramente num contexto mundano, ela é vivida como experiência de uma integração do mundano com o divino, ou como experiência de uma outra dimensão do humano, necessária para compreendê-lo, pois revela seu sentido último;

4) ocorre no interior de um processo em que a vida da pessoa se transforma no decorrer de uma relação dialógica com os acontecimentos, e no qual a própria experiência religiosa se confirma e se clarifica progressivamente. No decorrer desse processo, cuja origem exata é, às vezes, difícil de estabelecer com precisão, há momentos mais marcantes de experiência da presença transcendente ou da resposta humana de uma entrega confiante.

5) entre os efeitos da experiência religiosa na vida da pessoa, podemos destacar: uma certa paz interior ou leveza de vida, uma descoberta e valorização do humano e do natural, um envolvimento ativo com as coisas deste mundo a partir dessa valorização, uma transfiguração do olhar permitindo compreender um sentido mais profundo no que acontece. Esses efeitos não são propriamente externos à experiência religiosa, mas, de certa forma, também fazem parte dela.

3) *Para uma continuação*

Os resultados de uma pesquisa de tipo qualitativo, sem perder o seu valor (relativo ao âmbito de seus dados), são sempre de tal natureza que possam se enriquecer com novas pesquisas, ou mesmo serem sucedidos por formulações mais adequadas, a partir de outras pesquisas ou de novos contextos. Assim sendo, gostaria de indicar aqui algumas direções possíveis de desenvolvimentos nessa linha de investigação.

Seriam todas as experiências religiosas de mesmo tipo? Nossos resultados não estariam marcados por um tipo de experiência apesar dos esforços de abstração de uma estrutura mais geral? Mesmo levando em conta o fato de Lídia ter nos fornecido um depoimento particularmente rico, motivo pelo qual ele foi escolhido aqui, certamente seria preciso considerar outros depoimentos, variando o tipo de pessoas junto a quem eles seriam colhidos. Talvez, a partir daí, pudéssemos descrever "variedades de experiências religiosas" que viriam complementar bem a descrição de uma estrutura geral. Pensamos, por exemplo, em pessoas de idade, tradição religiosa e condição sociocultural diferentes. Com certeza isso poderia enriquecer os resultados deste estudo.

O caso de Lídia ainda sugere um outro ponto, de interesse grande para a psicologia clínica: verificar as consequências de uma experiência religiosa marcante sobre o equilíbrio de vida da pessoa. Ou, se quisermos assim nos expressar, os tipos de efeito psicológico de uma experiência religiosa ou de uma vida religiosa. É muito provável que esse ponto pressuponha respostas à indagação anterior.

Para não nos alongarmos ainda mais, mencionarei apenas um último ponto. Existiria uma evolução religiosa ao longo do desenvolvimento humano? Lídia parece nos sugerir que sim. Como se expressaria a experiência religiosa em cada uma das idades do desenvolvimento? Quais as diferenças? E existe ainda uma questão que surge aqui imediatamente: o fato de ter havido uma experiência religiosa mais marcante afetaria a forma como, a partir daí, poderíamos descrever a posição da mesma pessoa diante da questão religiosa? Ou diante de outros dilemas do desenvolvimento humano? E aqui um contato com o estudo de Fowler (1992) (sobre os estágios do que ele chama de fé) seria fundamental. É o que vamos ver nos capítulos seguintes.

Capítulo 6
DESENVOLVIMENTO RELIGIOSO: UMA TEORIA PSICOLÓGICA

Chegamos no centro da temática do desenvolvimento religioso, e começo por abordá-la do ponto de vista teórico, mas sempre em confronto com minha experiência de trabalho com pessoas e grupos, e, naturalmente, comigo mesmo. Retomo aqui um artigo meu publicado em *Estudos de Psicologia*, em que descrevo o percurso dessa pesquisa teórica.[2] As modificações que foram feitas no texto original foram pequenas e visando especialmente à adaptação à sua publicação na forma de capítulo deste livro. Na sequência, veremos como esses aspectos se apresentam em histórias religiosas recolhidas.

---

2   AMATUZZI, M.M. O desenvolvimento religioso: uma hipótese psicológica. *Estudos de Psicologia* (Campinas), 17(1), 2000, pp. 15-30.

MAURO M. AMATUZZI

INTRODUÇÃO

A necessidade de aprofundar o tema do desenvolvimento religioso surgiu de uma pesquisa anterior sobre a fenomenologia da experiência religiosa (AMATUZZI, 1998a, 1998b – neste livro, capítulos 4 e 5). Os depoimentos colhidos faziam pensar em níveis diferentes de maturidade religiosa se considerados em sua relação com a maturidade humana geral. A descrição da experiência religiosa precisava, então, ser completada por uma descrição dos possíveis caminhos do desenvolvimento religioso. Com isso entramos no tema desta parte de nosso livro.

Tendo por base os depoimentos já colhidos e minha experiência em trabalhos junto a indivíduos e grupos (AMATUZZI *et al.*, 1996), voltei a estudar a literatura referente ao desenvolvimento psicológico. A ideia era montar uma teoria, uma hipótese geral, sobre esses possíveis caminhos do desenvolvimento religioso. É importante esclarecer desde já, no entanto, que essa hipótese, embora possa se apresentar sob a forma de etapas ou fases sequenciais mais ou menos definidas, não tem a intenção de se tornar uma escala para uso avaliativo. A intenção permanece sendo a de descrever para compreender, muito mais no sentido de preparar o agente de escuta pela ampliação de seus horizontes face às diversas possibilidades, do que no sentido de fornecer um instrumento de classificação.

A partir dessa teoria ou hipótese geral, uma vez formulada, retornaremos aos depoimentos colhidos, não tanto para confirmar a teoria (num modelo metodológico de simples verificação), mas sim, principalmente, para que sua utilidade compreensiva fique ilustrada e aperfeiçoada (num modelo metodológico de construção e aperfeiçoamento de teoria). A finalidade continua sendo, pois, a de aprofundar a compreensão da natureza do fenômeno religioso, a partir de uma leitura acurada da experiência das pessoas.

Apresentaremos aqui neste capítulo o caminho que me conduziu até à hipótese geral e uma síntese conclusiva apresentada em quadros. Antes de tudo, porém, será preciso definir alguns conceitos que foram básicos para esse estudo.

CONCEITOS BÁSICOS

No ponto de partida está a ideia de *senso religioso*. Refere-se essa expressão àquilo que em nós, seres humanos, está na base das questões de sentido, "questões potencialmente radicalizáveis". Deixando-nos conduzir pela indagação do sentido (que sentido tem tal coisa, por que aconteceu assim?), acabaremos formulando a pergunta pelo "sentido último", mais radical (qual o sentido deste mundo, que sentido tem minha vida, que sentido mais profundo se esconde em tal acontecimento?). O que está por trás de tal processo é o senso religioso. Embora o termo "religioso" possa incluir uma referência ao "sagrado", como algo particular, o que é mais básico nessa conceituação, aqui, é a referência a um "último", o que, ao contrário de particular, é abrangente, envolvente e, afinal, transcendente (isto é, transporta-nos para uma outra ordem de consideração). Poderíamos aproximar essa ideia de senso religioso daquela outra de que já falamos na primeira parte do livro: a inquietação religiosa.

As indagações do senso religioso acabam desembocando em tomadas de posição no que diz respeito ao significado último das coisas. Levam, portanto, a uma *forma religiosa* pessoal. Essa forma pode variar bastante, indo desde o assumir de uma religião já sistematizada externamente, até formas diversas de espiritualidade ou de vivências filosóficas (explícitas ou implícitas). O que há de comum entre posições tão diferentes é sempre a referência a um último. Religião está sendo entendida, portanto, no sentido geral de "re-ligação" (com esse último), capaz de situar a pessoa no todo, e orientar sua vida. Algo como a "estrutura de orientação e devoção", de que fala Erick Fromm (1974; neste livro ver capítulo 1), que é alguma coisa da qual todos sentimos a necessidade, embora nem sempre lidemos com essa necessidade da mesma forma.

Uma terceira ideia central se baseia no fato de que a mesma *forma religiosa*, externa ou objetivamente considerada, pode estar nas pessoas de modos diferentes no que diz respeito ao seu grau de centralidade psicológica. Quer dizer, o valor estruturante da forma religiosa para com a vida psíquica pode variar bastante. Ou ainda, em outras palavras, a religião pode estar mais ou menos enraizada na pessoa, tendo uma influência maior ou menor em sua visão de mundo e em sua vida concreta. Referimo-nos a isso como o *grau de enraizamento* da religião ou da forma religiosa.

Vivência religiosa vem a ser a experiência da pessoa no campo religioso, ou seja, no campo das indagações pelo último. Cada um pode ter uma história a contar quanto a isso; seja ateu, budista ou evangélico. No entanto, para alguns, nessa história ocorreram *experiências religiosas* num sentido mais específico. Trata-se de acontecimentos marcantes para a tomada de posição em relação a um sentido último, e que foram assumidos com esse significado. Uma experiência como essa pode se dar a propósito de acontecimentos ordinários, mas vistos sob nova luz, ou de acontecimentos extraordinários que são vividos como símbolos.

O termo *fé* relaciona-se com a firmeza das posições da pessoa diante da vida, firmeza essa que faz supor uma relação básica de confiança pela qual vivemos. A fé se torna *religiosa* quando explicita uma referência a uma realidade última.

O *desenvolvimento religioso* pode ser entendido como o desenvolvimento pessoal no campo das indagações por um sentido último (campo religioso). Para descrevermos esse desenvolvimento em suas possibilidades, é necessário articular três dimensões: o desenvolvimento psicológico; a ocorrência de experiências marcantes para a própria definição de um sentido último de vida; o encontro com alguma tradição religiosa viva. O desenvolvimento psicológico nos dá as possibilidades dentro das quais podemos conceber as coisas nesse campo do sentido. As experiências marcantes de vida determinam também o que concebemos e a forma como vivemos. E, finalmente, a tradição religiosa corresponde a tudo aquilo que recebemos em nossa cultura como forma de pensamento e experiência acumulada da humanidade no que diz respeito às questões de um significado último.

COMO FOI SE FORMANDO A HIPÓTESE

O percurso, na verdade, foi bastante longo. Ele começou com uma primeira visão geral do desenvolvimento pessoal, baseada em Piaget, em seu *Seis estudos de psicologia* (PIAGET, 1967). Ali o desenvolvimento pode ser compreendido em termos de uma progressiva construção de um conceito de eu, inicialmente bastante egocêntrico. Ele vai se tornando mais realista na medida em que a pessoa vivencia as três sucessivas oposições: "eu-mundo" (no primeiro ano de vida, o eu se conhece quando se situa diante de um não eu que é o mundo), "eu-outros" (na criança, quando uma região se destaca no mundo, que é a região das pessoas, dos "outros-como-eu") e "eu-verdade" (na adolescência, quando a verdade de si mesmo aparece como algo a ser construído). Acrescentei, porém, a consideração do que poderia estar se passando na vida adulta, inspirando-me em autores que se voltavam também para essa fase de vida: Jung, com a metanoia no meio da vida, por exemplo, e Maslow, com sua hierarquia de necessidades humanas (ver, por exemplo, JUNG, 1979, e MASLOW, s/d). Com isso acrescentei uma outra oposição na constituição do eu, e a denominei "eu-vida". Através dessa oposição a pessoa já se abre, mais explicitamente, para as questões de um significado último (pois se vê diante de uma vida que é maior que sua própria individualidade). Fiquei, então, com os seguintes momentos marcantes no percurso do desenvolvimento:

- a *descoberta do mundo*, coincidindo com a primeira constituição de um eu (no começo da vida);
- a *descoberta do outro* afetivamente independente (na infância);
- a *descoberta de uma verdade mais profunda* do que aquela recebida dos pais (na adolescência);
- e, por fim, a *descoberta da vida* não limitada à minha individualidade (na idade adulta).

Isso teve uma primeira expressão em um livro de divulgação, intitulado *Crescimento e ajuda* (que teve uma segunda edição com o título *Retratos da vida*) (AMATUZZI, 1980 e 1988).

Alguns anos mais tarde, trabalhando com grupos populares no sentido de refletir sua própria experiência de vida (*idem*, 1996), fui levado a descrever duas outras etapas. Uma, entre os sete anos e o começo da adolescência, quando o menino ou a menina se confrontavam com o desafio de superar certas limitações no que diz respeito a habilidades ou competências, e com isso ganhar a autoestima de alguém capaz. E outra, já na idade madura, mas antes da abertura para a transcendência da vida. Uma espécie de segunda adolescência. Nessa fase de vida muitas pessoas falavam de um questionamento de seus papéis anteriores e suas rotinas. Ocorriam reviravoltas de vida, muitas vezes sentidas como libertadoras. Surgia uma nova experiência de liberdade, um reencontro consigo próprio para além das obrigações ou deveres, e provavelmente uma vida mais saudável, ou, ao menos, o desejo disso. Mas também muitas pessoas simplesmente continuavam a "carregar o fardo da existência" com abnegação, com uma insatisfação mais ou menos calada, sem se colocar a possibilidade de mudanças. Parecia uma fase de vida que continha seus desafios próprios, e que, como as outras, podia ser mais ou menos bem vivida. Passei a descrever, então, as etapas de vida a partir de seus *desafios próprios em termos de desenvolvimento*, e, consequentemente, descrever as possibilidades de não enfrentamento desses desafios, e seus efeitos sobre a vida da pessoa. Estava então descrevendo seis fases de vida (não tanto momentos de descoberta), marcadas por desafios próprios: 1) a do bebê, no primeiro ano; 2) da criança pequena, até 6 anos; 3) do menino ou menina; 4) da adolescência até a vida adulta; 5) da segunda adolescência, na idade adulta; e, finalmente, 6) a fase da maturidade mais avançada, até a velhice.

Paralelamente a isso, mas também motivado pelo trabalho com grupos populares, interessei-me pela experiência religiosa, pois parecia estar muito presente como fator determinante, ou mesmo motivador, do envolvimento das pessoas nesses grupos de reflexão e em suas formas de vida, e também, certamente, porque o tema me interessava pessoalmente. No trabalho, nas leituras e reflexões foi ficando logo claro que a experiência religiosa tinha uma relação estreita com o desenvolvimento, seja no sentido de facilitá-lo, seja no de obstruí-lo. Indiferente não era, a não ser quando a vivência religiosa era por demais superficial (sem *enraizamento*). Procurei, então, compreender como ela poderia estar se apresentando em cada uma daquelas seis etapas até então descritas.

Por essa época entrei em contato com a pesquisa de Fowler (1992) sobre os *Estágios da fé*, e através dela pude reencontrar seus inspiradores, entre os quais Erikson e Kohlberg. O conceito de fé, para James Fowler, não deixa de ser, ao menos aparentemente, portador de uma certa ambiguidade. Por um lado, ele diz que "a fé é um aspecto genérico da luta humana para achar e manter sentido", e "que ela pode ou não se exprimir pela religião" (FOWLER, 1992, p. 83). Todo mundo pode ter uma fé e isso não tem relação necessária com religião. Mas, por outro lado, ele também fala que a fé relaciona-se com o "mistério que nos envolve" (*idem*, p. 39), com as "condições últimas da existência" (*idem*, p. 84), com uma "realidade transcendente" (*idem*, p. 168), e, em sua forma mais desenvolvida, tem uma "intencionalidade divina" (*idem*, p. 169). Ao menos implicitamente a fé seria, portanto, religiosa, sendo promotora de uma "re-ligação" com o último.

Talvez pudéssemos entender Fowler se disséssemos que ela é o que dá sentido à vida e aquieta a pessoa; é a ligação com um sentido último; trata-se de um "repousar o coração", e alinhar a vida. Supõe, portanto, uma "inquietação do coração". Mas, quando ocorre esse repousar, é porque algo se mostra ou se constitui como firme, o que justifica dizer que a fé vem a ser uma confiança. Na medida em que isso vai se explicitando em todas as suas dimensões, esse polo de firmeza se mostra como último, como transcendente. Na verdade, podemos colocar a fé em algo que não o mereça, mas em seu dinamismo ela procura sempre esse algo totalmente firme, absoluto. Por isso, está implícito em qualquer fé um polo absoluto, um centro transcendente de valor e poder. A fé é realmente essa firmeza e determinação pela qual vivemos, mas ela se torna explicitamente religiosa quando pode falar de seu polo absoluto e transcendente. Talvez devêssemos dizer, então, que como *movimento humano interior* que fundamenta o viver, é só implicitamente que ela contém a referência a algo absolutamente firme (não mais do que como uma direção pressentida, formulada *a posteriori*). Será a *experiência religiosa*, enquanto experiência da manifestação desse algo, que explicitará a fé como religiosa. Isso se aproxima do que diz Fowler, no fim de seu livro, e que ele lança a hipótese de que, com a conversão, ocorre uma ressignificação da fé.

É interessante recordarmos aqui os estágios do desenvolvimento moral de Kohlberg, e os do desenvolvimento psicossocial de Erikson, pois eles ajudam a entender os estágios da fé de Fowler. Kohlberg (ver, por exemplo, CAMINO, 1998, p. 113) descreve três níveis de julgamento moral, cada um com dois estágios, aqui exemplificados através de frases típicas (e com as idades aproximadas estimadas, por Fowler).

Nível **pré-convencional:**
1- "Não faço isso para não ser punido": *moralidade heterônoma* (até 6 anos);
2- "Não faço isso porque desejo a recompensa": *moralidade de troca instrumental* (dos 7 aos 12 anos).

Nível **convencional:**
3- "Não faço isso porque não é esperado que eu faça": *moralidade das expectativas interpessoais* (adolescência e juventude);
4- "Não faço isso porque quebraria uma lei": *moralidade de sistema social e consciência* (jovem adulto, acima dos 21 anos).

Nível **pós-convencional:**
5- "Não faço isso porque tenho a obrigação de não fazer": *moralidade dos direitos individuais* (adulto em torno dos 35 em diante);
6- "Não faço isso porque não é certo, não importa o que digam": *princípios éticos universais* (em torno dos 60 em diante).

O grau mais elevado de julgamento moral é, pois, aquele que se baseia em princípios universais.

Erikson (1998), por sua vez, expressa seus estágios psicossociais em termos de conflitos centrais e de qualidades psicológicas que aí emergem. Ele fala de oito conflitos, que poderiam ser mais ou menos associados a idades (ERICKSON, 1998, p. 52). Comentaremos cada um deles com frases de Joan Erikson, num capítulo da mesma obra.

1. *Confiança básica* versus *desconfiança básica* (ESPERANÇA) (0-2 anos)

> *Nós precisamos reconhecer o fato de que sem uma confiança básica o bebê não pode sobreviver. Disso decorre que todas as pessoas vivas têm uma confiança básica e com ela, até certo ponto, a força da esperança. [...] Embora a sobrevivência seja difícil sem um mínimo de desconfiança para nos proteger, a desconfiança pode contaminar todos os aspectos das nossas vidas e nos privar de amor e companheirismo com os seres humanos.* (p. 90)

2. *Autonomia* versus *vergonha e dúvida* (VONTADE) (2-3 anos)

> *Certamente todos os pais se lembram de como [...] os filhos [...] se tornaram surpreendentemente determinados, agarrando colheres e brinquedos, prontos a serem independentes. [...] Quanto mais forte a vontade, mais eles realizam. [...] Mas existem limites; quando eles são rompidos e as coisas ficam fora do controle, pode haver uma reversão para a insegurança e uma falta de autoconfiança que termina em vergonha e dúvida quanto às suas capacidades.* (p. 91)

3. *Iniciativa* versus *culpa* (PROPÓSITO) (3-6 anos)

> *A iniciativa é corajosa e valente, mas quando falha, surge um forte senso de deflação. Ela é animada e entusiástica enquanto dura, mas o instigador da iniciativa muitas vezes é deixado com um senso de inadequação e culpa.* (p. 91)

4. *Diligência* versus *inferioridade* (COMPETÊNCIA) (6-12 anos)

> *A diligência e competência são capacidades que todos conhecemos bem neste país competitivo. [...] Em que você é bom, para*

Psicologia do
desenvolvimento religioso

que você serve, são as primeiras indagações dos nossos semelhantes. [...] É fundamental ser competente para se destacar no nosso mundo prático. (p. 92)

5. *Identidade* versus *confusão de identidade* (FIDELIDADE) (13-20 anos)

Roupas e maquilagem, às vezes, podem ser convincentes, mas no final das contas é somente quando possuímos um senso genuíno de quem somos que mantemos os nossos pés firmes no chão e nossa cabeça erguida, numa elevação da qual podemos ver claramente onde estamos, o que somos e o que representamos. (pp. 92-93)

6. *Intimidade* versus *isolamento* (AMOR) (21 anos em diante)

Os anos de amor e intimidade são brilhantes, ensolarados e cheios de calor. Amar e encontrar-se no outro é algo que traz satisfação e deleite. [...] Nem todos são tão afortunados e abençoados. Um senso de isolamento e privação ataca aqueles para os quais este rico período não é realizado. (p. 93)

7. *Generatividade* versus *estagnação* (CUIDADO) (35 anos em diante)

O estágio da generatividade reivindica o período de tempo mais longo [...] – trinta anos ou mais, durante os quais a pessoa estabelece um compromisso de trabalho e talvez comece uma nova família, dedicando tempo e energia a incrementar sua vida sadia e produtiva. Durante esse período, o trabalho e os relacionamentos familiares confrontam a pessoa com os deveres de cuidador e uma crescente variedade de obrigações e responsabilidades, interesses e celebrações. (p. 94)

8. *Integridade* versus *desespero, desgosto* (SABE-DORIA) (60 anos em diante)

> *A integridade [...] exige tato, contato e toque. [...] É necessário o tempo de uma vida para se aprender a ter tato e isso exige paciência e habilidade. [...] O desespero expressa o sentimento de que o tempo agora é curto, curto demais para a tentativa de iniciar uma outra vida e experimentar caminhos alternativos... (pp. 94-95)*

A partir desses oito estágios psicossociais de Erikson, Fowler formula seus *estágios da fé* (FOWLER, 1981/1992). Vamos apresentá-los aqui com frases descritivas retiradas de seu texto. Acrescentaremos para cada estágio um resumo elaborado por nós, na perspectiva desta pesquisa.

<u>Pré-estágio</u> – *Lactância* (0-1,5), **fé indiferenciada**

> *As sementes da confiança, coragem, esperança e amor fundem--se de uma forma indiferenciada e contendem com ameaças de abandono sentidas pelo bebê, inconsistências e privações no ambiente da criança. (p. 106)*

Os significados da fé estão potencialmente contidos na confiança básica e na experiência relacional da mutualidade.

<u>Estágio 1</u> – *Primeira infância* (2-6), **fé intuitivo--projetiva**

O que caracteriza a fé nesse estágio é a

> *capacidade de unificar e captar o mundo da experiência em poderosas imagens e conforme ele é apresentado em estórias que registram as compreensões e sentimentos intuitivos da criança no tocante às condições últimas da existência. (p. 117)*

Psicologia do desenvolvimento religioso

Os significados referentes às condições últimas da existência começam a ser apropriados através de imagens e símbolos sintéticos.

Estágio 2 – *Infância* (7-12), fé mítico-literal

> *A pessoa começa a assumir para si as estórias, crenças e observâncias que simbolizam pertença à sua comunidade. As crenças são apropriadas com uma interpretação literal, assim como as regras e atitudes morais. [...] A estória torna-se o principal meio de dar unidade e valor à experiência.* (pp. 128-129)

Os significados da fé comum são apropriados principalmente através de histórias e narrativas que dão identidade ao grupo.

Estágio 3 – *Adolescência* (13-21), fé sintético-convencional

> *No estágio 3, a pessoa tem uma "ideologia", um conjunto mais ou menos consistente de valores e crenças, mas não a objetivou para avaliação e, em certo sentido, não tem consciência de possuí-la.* (p. 146)

Os significados da fé se organizam em conjuntos de crenças e valores sentidos, mas admitidos em virtude da autoridade de pessoas significativas ou grupos de referência (sem uma reflexão crítica especial).

Estágio 4 – *Início da idade adulta* (21-35), fé individuativo-reflexiva

> *[A pessoa] expressa suas intuições da coerência existente em um ambiente último em termos de um sistema explícito de significados. O estágio 4, tipicamente, traduz símbolos para significados conceituais. Provavelmente dará pouca atenção*

> *aos fatores inconscientes que influenciam seus julgamentos e comportamento. A força ascendente do estágio 4 tem a ver com a sua capacidade de refletir criticamente sobre a identidade (eu) e a perspectiva (ideologia).* (p. 154)

Os significados referentes ao ambiente último são organizados conceitualmente em função de uma reflexão racional tanto quanto possível crítica.

<u>Estágio 5</u> – *Idade adulta* (35-60), **fé conjuntiva**

> *Implica a integração, no eu e na própria perspectiva, de muita coisa que foi suprimida ou não reconhecida no interesse da autocerteza e da consciente adaptação cognitiva e afetiva à realidade. [...] Deve haver [agora] uma abertura às vozes do "eu mais profundo" da pessoa. [...] Este estágio luta para unificar os opostos na mente e na experiência. [...] O comprometimento deste estágio com a justiça é liberado dos limites da tribo, classe, comunidade religiosa ou nação.* (p. 166)

Os significados da fé vão além do que pode ser racionalmente afirmado, e existe uma síntese vivencial dos opostos, num nível mais profundo.

<u>Estágio 6</u> – *Maturidade* (60 ...), **fé universalizante**

> *A pessoa engaja-se em gastar e gasta para a transformação da realidade atual na direção de uma realidade transcendente. As pessoas que se encaixam no estágio 6 exibem, tipicamente, qualidades que estremecem nossos critérios usuais de normalidade. A sua indiferença à autopreservação, e a vivacidade de seu gosto e percepção da realidade moral e religiosa transcendente, dão às suas ações e palavras uma qualidade extraordinária e frequentemente imprevisível.* (pp. 168-169)

A pessoa se entrega totalmente, com desapegos surpreendentes, à transformação da realidade atual na direção de uma realidade transcendente.

Fowler afirma que esse estágio 6 é muito raro. Dá como exemplos Gandhi, Luther King, Madre Tereza de Calcutá, Thomas Merton, entre outros poucos. Diz que ele vem a ser a descrição normativa do que possa ser a fé em sua realização mais elevada. Parece dizer que, ao menos aqui, não se pode falar de fé em geral, mas que ela se realiza sempre de forma concreta e particular, a pessoa inserindo-se em uma tradição específica (mesmo quando a transforma radicalmente), pois o absoluto se mostra no particular (p. 174). Sugere, portanto, que na sua realização mais desenvolvida, a fé quase supõe ou se identifica com uma conversão ao transcendente, que transforma totalmente a visão que o sujeito possa ter de si. Não é possível falar dessa fé a não ser a partir de dentro de uma determinada tradição, e Fowler o faz a partir da sua, que é a fé monoteísta radical da tradição judaico-cristã (ver p. 175, por exemplo).

Como se pode notar, Fowler segue bastante de perto a divisão de Erikson, mas reúne em seu estágio da primeira infância os dois de Erikson para essa idade (autonomia x vergonha e dúvida; e iniciativa x culpa).

A perspectiva de Fowler ainda é a de uma abordagem formal de estruturas que se constroem sucessivamente, uma dependendo da outra, em estágios bem definidos. O que pretendemos expor aqui, ao contrário, é uma hipótese mais descritiva. Por isso não falarei de estágios formais ou estruturas, mas de fases ou etapas de vida que se caracterizam por desafios que estão sendo enfrentados. As etapas que foram assim definidas acompanham, no entanto, os estágios de Fowler, com algumas modificações. Falamos da fase do *bebê*, no primeiro ano de vida, da *criança*, entre 2 e 6 anos, do/a *menino/a*, dos 7 aos 12 anos aproximadamente, do/a *adolescente*, dos 13 aos 18/20 anos, do/a *jovem adulto/a*, dos 21 aos 30 anos mais ou menos (acolhendo até aqui as divisões de Fowler). Colocamos em seguida o *adulto* propriamente dito, entre os 30 e os 45/50 anos (mais preocupado com o gerar e cuidar), e o *adulto maduro* dos 45/50 aos 60 anos mais ou menos (já numa segunda adolescência, como vimos), separando duas fases no estágio adulto de Fowler. E, por fim, o *adulto mais velho*, após os 60 anos mais ou menos, que diferenciamos da etapa de *proximidade da morte*, que nos pareceu ter características típicas (relacionadas com um posicionamento especial diante da realidade morte/vida), também separando duas etapas no estágio da maturidade de Fowler. Nossa hipótese descreve então nove etapas.

Estava trabalhando nessas etapas quando tive contato com o trabalho de Oser e Gmünder (OSER & REICH, 1996). Eles também estão preocupados com a caracterização de estágios formais (mais ou menos independentes de idade), enfocando, agora, o desenvolvimento do *julgamento religioso*.

Kohlberg falava de *julgamento moral*. Mas, segundo Oser e Reich, ele chega a falar de um estágio 7, além dos 6 que descreveu, só que não mais moral, e sim religioso. Esse estágio surgiria com a pergunta de transição: "por que ser justo num mundo tão injusto?". Essa passagem começa com o desespero, pois é ele que "nos ajuda a ver a nós mesmos da distância de um ponto de vista cósmico ou infinito" (*idem*, p. 369). A resposta àquela pergunta, então, se daria a partir de uma "experiência contemplativa de uma multiplicidade não dualística" (*idem*, p. 369). Estaria se baseando "num senso de ser parte do todo da vida e na adoção de uma perspectiva cósmica, oposta à perspectiva universal humanística do estágio 6" (*idem*, p. 369). Kohlberg cita aqui uma frase espinosiana: "se amamos a Vida ou a Natureza ou Deus, tornamo-nos capazes de superar todos os sofrimentos da vida" (*idem*, p. 369). É um estágio "religioso" entre aspas porque embora frequentemente seja expresso nos termos de uma união com Deus, não precisa ser necessariamente assim.

Pois bem, se para Kohlberg o desenvolvimento moral é um pré-requisito necessário, mas não suficiente para o estágio religioso, para Oser e Gmünder o desenvolvimento religioso tem sua estrutura própria baseada na relação de cada um com a Realidade Última. O desenvolvimento moral refere-se mais às relações "eu-tu" e é focalizado na superação do sofrimento decorrente da injustiça humana, enquanto o desenvolvimento religioso se refere mais às relações com a natureza, estando focalizado na superação do sofrimento resultante de eventos naturais, má sorte e contingências (eventualidades ou acasos). O julgamento religioso, é então, bem diferente do julgamento moral. Trata-se da interpretação da experiência, numa situação concreta de vida, no que diz respeito ao relacionamento com a Realidade Última. Normalmente qualquer acontecimento que faz apelo a um sentido pode desencadear um julgamento religioso.

Isso claro, Oser e Gmünder descrevem *cinco estágios do julgamento religioso*. Vamos apresentá-los aqui ilustrando com as cinco maneiras estruturalmente sucessivas de se responder à pergunta pelo sentido particular de um acontecimento que nos toca. "O que faz com isso aconteça? Que sentido tem isso?". Apresentaremos as respostas, diferentes para cada estágio, utilizando frases do artigo de Oser e Reich (1996).

Estágio 1: *O Ser Último faz isso acontecer*

Há um Ser Último (Deus, para os crentes religiosos) que protege a pessoa ou lhe envia algo maléfico, que lhe dá saúde ou doença, alegria ou desespero. O Ser Último influencia a pessoa (e todos os outros seres vivos) diretamente. A vontade do Ser Último pode sempre ser realizada. (p. 372) – A pessoa concebe a relação com o Ser Último como um experienciar passivo do que lhe está sendo enviado. É o estágio do Deus ex machina. (p. 372)

Digamos: Deus do destino, Deus que determina a sina de cada um.

Os significados religiosos aqui se referem a coisas externas ao sujeito, que podem afetá-lo, mas sobre as quais ele não tem poder algum.

Estágio 2: *O Ser Último faz isso acontecer se...*

O Ser Último pode ser influenciado por preces, oferendas, obediência a regras religiosas etc. Se alguém é cuidadoso com o Ser Último e passa nos testes, Ele envia, Ele age como um pai confiável e amoroso, e a pessoa será feliz, saudável, cheia de sucesso etc. O indivíduo pode influenciar o Ser Último, ou pode não fazer isso, dependendo de suas necessidades e livre vontade. (p. 372) – A pessoa se dá conta de que pode influenciar o Ser Último e sabe como fazer isso. É o estágio do Do ut des. (p. 372)

Digamos: o estágio do Deus das trocas.

Os significados religiosos se referem a coisas externas ao sujeito, que podem afetá-lo, mas ele pode ter alguma influência sobre isso através de atos.

Estágio 3: *O Ser Último e os seres humanos fazem isso acontecer*

O indivíduo assume [agora] a responsabilidade por sua vida e pelos assuntos do mundo. Liberdade, significado e esperança estão ligados a decisões da pessoa. O Ser Último está à parte disso. Ele tem seu próprio campo de ação; nós temos o nosso. O Ser Último em sua totalidade inclui uma liberdade, uma esperança e um significado que são diferentes daqueles dos seres humanos. A transcendência está fora do indivíduo, mas representa uma

ordem básica do mundo e da vida. (p. 372) – O Ser Último e os humanos são vistos como independentes, numa espécie de coexistência pacífica. É o estágio do Deísmo. (p. 372)

Digamos: a pessoa acredita em Deus, mas ele não tem muito a ver com sua vida concreta.

A religião como relação com as coisas a que se referem os significados religiosos e a vida cotidiana do sujeito existem, mas são separadas: uma não tem nada a ver com a outra.

Estágio 4: *Os seres humanos fazem isso acontecer graças à atuação do Ser Último*

Agora uma relação indireta, mediata, com o Ser Último começa a existir. O indivíduo continua a assumir responsabilidade, mas ele se questiona sobre as condições de possibilidade de ter responsabilidade. Ele vê seu envolvimento como forma de ultrapassar a falta de significado e esperança, assim como de ultrapassar o absurdo. A transcendência agora está parcialmente dentro (imanência): através do Plano Divino, o Ser Último se torna a condição de possibilidade da liberdade humana, da independência humana etc. (p. 372) – Uma nova relação emerge. Depois de ter visto diversas facetas da vida, o indivíduo integra a Realidade Última em sua vida de um modo novo. Dizer que a natureza da Realidade Última assegura a autonomia pessoal, ajuda a desenvolver a crença de que, de alguma forma, as coisas vão dar certo no futuro (Plano Divino). É o estágio da Autonomia mediada. (pp. 372-373)

Religião e vida se diferenciam, mas são intimamente relacionadas. O sujeito de alguma forma se vê como instrumento das realidades do mundo religioso. Por exemplo: Deus atua por intermédio dele ou de outras pessoas.

Estágio 5: *Os humanos fazem isso, e essa é a verdadeira manifestação do Divino*

> *O Ser Último (Deus) aparece em todo envolvimento humano, embora o transcenda ao mesmo tempo. O Ser Último se torna aparente na história e na revelação. Transcendência e imanência interagem completamente. Essa total integração torna possível a solidariedade universal com todos os seres humanos. O "reino de Deus" se torna o código para um completo e pacífico envolvimento do potencial humano, o qual cria significado não em opções afastadas do mundo, mas, ao contrário, numa perspectiva verdadeiramente social. (p. 372) – A complementariedade dos polos de cada par é plenamente percebida: não há nada profano nem sagrado, não há santidade nem aspectos profanos; não há esperança sem absurdo, nem absurdo sem esperança. O Último é experienciado em relacionamentos. É o estágio da religiosidade intersubjetiva.* (p. 373)

Religião e vida não se distinguem, são a mesma coisa. A plenitude da vida se dá com a presença das realidades do mundo religioso. Por exemplo: é no mais profundo de mim mesmo que encontro Deus; ou: tomo consistência justamente quando mergulhado no meio divino; ou: sou uma participação ao Ser.

Essas descrições feitas por Oser e Gmünder foram também em parte assumidas na hipótese que se segue.

HIPÓTESE GERAL DO DESENVOLVIMENTO RELIGIOSO

A hipótese apresenta-se de forma descritiva, situando o desenvolvimento religioso em cada etapa do desenvolvimento pessoal,

tomando como foco a formação e evolução de um conceito de eu. *Religião* é aqui entendida no sentido subjetivo de *vivência que o sujeito tem de uma relação com a realidade última*, seja em termos estritamente religiosos (quando essa realidade é vista como além daquilo a que se tem acesso pelos caminhos ordinários da ciência ou do conhecimento cotidiano), seja em termos quase religiosos (quando a energia investida é de grande intensidade e totalmente envolvente do sujeito). A fase de desenvolvimento de certa forma determina as possibilidades dessa vivência. No entanto, ainda sobra margem para uma variação grande no tipo de presença psicológica da religião, mesmo supondo-se que sua forma seja a mesma. Como dissemos: o *grau de enraizamento* da religião pode variar bastante, e, consequentemente, sua importância psicológica. A própria descrição deixará isso mais claro, assim espero.

Depois da descrição de cada etapa do desenvolvimento, apresentaremos um quadro resumindo suas características. As idades assinaladas são evidentemente aproximações por vezes grosseiras.

Etapa do bebê (0 a 1,5 anos)

O desafio central a ser enfrentado no processo de formação de uma consciência de ser um eu separado, no primeiro ano de vida, apresenta-se como um passar do sonho à realidade, e descobrir um mundo independente do eu. A experiência básica que está intimamente ligada à superação desse desafio é a experiência de uma confiança fundamental, tecida no aconchego da relação com os pais, e capaz de tirar a pessoa de dentro de si mesma e fazê-la viver neste mundo.

Essa confiança básica é o fundamento de todas as formas posteriores de fé ou religião. Falhas aqui (a recusa, a hesitação, ou a negação da confiança) terão consequências na possibilidade de uma autêntica experiência religiosa posterior. No entanto, se ocorrer posteriormente uma experiência propriamente religiosa, ela terá reconstruída em si mesma a própria confiança básica; e além disso, em qualquer caso de experiência religiosa posterior, a confiança básica será ressignificada: aquilo em que a pessoa confia de forma absoluta, será reconhecido agora experiencialmente (nem sempre com conceitos) como absolutamente transcendente.

No bebê, contudo, não tem muito sentido se falar de religião do sujeito, a não ser como totalmente implícita na confiança básica, ou então como religião da família. Em qualquer outro sentido ela é uma realidade externa.

> **Desafio central:** passar do sonho à realidade, descobrir um mundo independente do eu (elaborar a diferenciação "eu-mundo").
> **Necessidades predominantes:** fisiológicas e de proteção ou segurança.
> **Experiência básica:** experiência de confiar.
> **Consequência:** manipular realisticamente os objetos do mundo.
> **Religião:** é apenas da família; vai passando para o bebê através dos gestos de cuidado, na medida em que é inspiradora deles.
> **Enraizamento da religião:** só existe uma potencialidade religiosa, implícita na confiança básica, e não ainda uma religião pessoal do bebê.

Etapa da criança (2 a 6 anos)

O desafio central no processo de formação de um eu mais maduro é agora o de *superar um relacionamento possessivo, marcado pelo ciúme decorrente do egocentrismo* típico da fase anterior, e *abrir-se a uma relação propriamente dita*, em que o outro é aceito em sua separação e autonomia. A experiência, que está intimamente ligada com esse tipo de descoberta é a experiência da linguagem, como *reconstrução simbólica interior do mundo*. Isso acontecendo, a criança se abrirá para a cooperação e o diálogo, e o eu se aceitará como não único.

A religião estará encontrando suas primeiras expressões simbólicas concretas, a partir do que vai sendo recebido. Mais tarde, se houver uma experiência religiosa específica, a pessoa virá a reconhecer nos "símbolos de sua fé" as formas essenciais de expressão de seu vivido. A não ocorrência da experiência da linguagem, ou uma ocorrência limitada (por exemplo, o predomínio de uma linguagem convencional e não expressiva), impedirá ou dificultará a existência de uma religião refletida, e a pessoa se manterá numa perspectiva imediatista.

Na idade da criança, embora os símbolos sintéticos das realidades do mundo religioso (referente aos significados últimos) já possam ir fazendo algum sentido para ela, as coisas significadas por esses símbolos são provavelmente vivenciadas ainda como externas, e carregadas de poder sobre ela.

Desafio central: passar do ciúme à relação, aceitar o outro como separado.
Necessidades predominantes: de proteção ou segurança.
Experiência básica: linguagem, como separação e reconstrução simbólica do ausente.
Consequência: inícios de cooperação e diálogo.
Religião: a religião da família começa a ser apropriada através de símbolos (ou ritos, ou imagens sintéticas) que resumem seu significado.
Enraizamento da religião: os objetos significados pelos símbolos religiosos são sentidos como externos e dotados de um poder absoluto sobre a criança.

Etapa do menino/a (dos 7 aos 12 anos)

O desafio central nessa fase é *passar da inabilidade e passividade para a competência e iniciativa*, descobrir-se *ativo e capaz, e ousar fazer*. Se esse desafio for superado de forma satisfatória, desenvolve-se a *segurança interior e a autoestima*.

A religião (ou "quase-religião") começa a se expressar agora através de histórias que condensam seu sentido. Falhas na experiência da iniciativa e da ousadia dificultam o acesso ao sentido das histórias e uma posterior identificação do adulto através da inserção em uma tradição (a não ser que uma experiência religiosa forte, posterior, venha suprir essas deficiências).

Nessa idade, embora já possa haver uma apropriação do sentido das narrativas que expressam o sentido último, esse significado se refere ainda, provavelmente, a realidades externas. Contudo, a relação com essas realidades já não é de mera passividade: existe a possibilidade de uma influência por parte do sujeito (no caso explicitamente religioso, através de preces, ritos, obediência a preceitos etc.).

Desafio central: passar da inabilidade e passividade para a competência e habilidade, descobrir-se ativo e capaz.
Necessidades predominantes: de proteção ou segurança e participação ou afeto.
Experiência básica: coragem e iniciativa.
Consequência: segurança interior e autoestima.
Religião: vai sendo apropriada agora também através do sentido de narrativas, histórias que são contadas.
Enraizamento da religião: embora os objetos significados permaneçam externos e dotados de poder, existe a possibilidade de uma influência sobre eles por parte do sujeito (preces, ritos, obediência a preceitos etc.).

Etapa do/a adolescente (dos 13 aos 18/20 anos)

Agora a confiança básica levará o/a adolescente, no processo de formação de um eu, ao desafio de passar de uma vivência de indefinição, para a de uma definição a partir de si, descobrindo uma verdade pessoal mais profunda. A experiência que se relaciona com isso é a da escolha pessoal de papéis a serem ensaiados.

Nessa época a religião (ou qualquer ideologia referente ao sentido último das coisas), como parte da identidade recebida, tende a ser questionada. Deficiências na experiência de escolha de papéis a serem exercitados bloqueiam esse questionamento e a possível reconstrução posterior de formas mais pessoais dessa

atitude básica. Poderá haver um abandono da prática religiosa (ou quase religiosa) dos pais, justamente porque é dos pais, e não corresponde a um desejo específico de exercício de papel (frequentemente mediado pelo grupo). Esse abandono será provisório ou definitivo, dependendo em parte da autenticidade dos pais, e de seu apoio às experiências dos filhos.

É possível também que a religião (relação com as coisas às quais se referem os significados religiosos ou últimos), por um lado, e a vida pessoal do sujeito, por outro lado, sejam concebidas ou experienciadas ambas como reais, mas separadas e independentes. A pessoa vai ensaiando os papéis que escolhe, e o "mundo religioso" pode permanecer externo a isso, pertencente a outra esfera. Mas também pode acontecer uma experiência religiosa específica que aproxime essas duas esferas.

Desafio central: passar de uma indefinição (ou definição a partir de fora) para uma definição pessoal (a partir de dentro) e descobrir uma verdade pessoal mais profunda e dinâmica.
Necessidades predominantes: participação ou afeto, e estima ou valor.
Experiência básica: escolha pessoal de papéis a serem exercidos experimentalmente.
Consequência: escolhas e ação mais eficazes e realistas.
Religião: começa a ser questionada com toda a identidade recebida; busca de uma religião definida a partir de exercício de papéis escolhidos.
Enraizamento da religião: está relacionado com o grau de pessoalidade das escolhas; é uma idade de experiências provisórias que podem se confirmar ou não.

Etapa do/a jovem adulto/a (dos 18/20 aos 30 anos aproximadamente)

O desafio central agora será o de abrir-se para uma relação mais pessoal e profunda, associada à experiência de intimidade (deixando para trás um relacionamento baseado em habilidades específicas). Essa relação íntima não se limita a pessoas;

estende-se ao mundo, aos acontecimentos, e descobre algo como uma essência concreta das coisas.

Aqui não é mais possível sustentar uma postura religiosa diante da vida sem que ela esteja baseada em uma experiência pessoal, mais crítica e refletida. Práticas religiosas anteriores já não resistem às exigências do jovem adulto, assim como qualquer ideologia superficialmente vivida sem conexão vivencial com a pessoa. Uma carência de intimidade aqui (em toda a amplidão da experiência de intimidade) afetaria todo o resto do desenvolvimento, inclusive o religioso.

Essa é, pois, a idade em que a experiência pessoal do significado torna-se decisiva para o desenvolvimento. Sem isso, o sujeito pode ficar apenas com posições religiosas mais ou menos convencionais, ou então será levado a abandonar qualquer posicionamento explícito nesse campo. Por isso mesmo, os conceitos religiosos, quando agora mediados por experiência e reflexão, tendem a aproximar religião e vida. Começa a haver uma integração que, se o desenvolvimento estiver sendo satisfatório, estará sendo trabalhada daqui em diante durante toda a vida adulta.

Desafio central: passar de um relacionamento superficial a uma relação mais profunda, descobrir a essência concreta do outro.

Necessidade predominante: de participação ou afeto e de estima ou valorização.

Experiência básica: intimidade (com pessoas, coisas, acontecimentos, teorias...).

Consequência: relações significativas.

Religião: não se sustenta mais uma religião ou sistema de crenças que não seja fundamentada racionalmente e experiencialmente (mas a pessoa pode permanecer com formas religiosas anteriores ou convencionais, porém não adequadas a essa etapa de desenvolvimento).

Enraizamento da religião: havendo intimidade no campo religioso, inicia-se uma aproximação maior entre religião e vida.

Psicologia do
desenvolvimento religioso

Etapa do adulto (dos 25/30 aos 40/45 anos mais ou menos)

Há uma continuação da etapa anterior, consolidando-a na fecundidade: a produção de frutos. O desafio central agora, no desenvolvimento de um eu, é gerar e cuidar, vivenciando esse novo lado de si próprio que se expande no fruto produzido. O não cumprimento dessa tarefa de desenvolvimento tende a produzir o adulto estéril, sem uma participação criativa no meio. Isso se reflete no âmbito do religioso.

Se houver uma vivência religiosa autêntica, ela tende a se expandir no meio, criativamente, num sentimento de integração maior (talvez no sentido de a pessoa se sentir um instrumento de uma força superior ou um desígnio maior, ou de perceber os outros ou os acontecimentos como instrumentos desse um desígnio). Mas também pode ocorrer de a pessoa não mais estar integrando a dimensão religiosa explícita em sua vida.

Desafio central: passar da esterilidade à fecundidade, descobrir-se gerador (pai).
Necessidade predominante: de estima, produção ou realização.
Experiência básica: gerar (produzir) e cuidar.
Consequência: ampliação e expansão social.
Religião: expandindo-se criativamente em atividades externas ou internas (quando não ficou estacionada em formas anteriores).
Enraizamento da religião: tende a se aprofundar, aproximando o sistema de crenças e orientação com a vida concreta da pessoa.

Etapa do adulto maduro (dos 40/45 aos 60 anos aproximadamente)

Frequentemente ocorre nessa época um questionamento de tudo e um novo começo em novas bases. O desafio central na transformação do eu é superar as rotinas e os padrões assumidos e encontrar um sentido mais pessoal para a vida, relativizando as normas e os papéis sociais. As reviravoltas na vida da pessoa nessa época são sentidas como libertação.

Do ponto de vista religioso, esse novo apelo pode levar a uma fé mais pessoal, superando aspectos rígidos e estereotipados, ou então pode levar a um abandono da religião até então professada (caso não haja um apoio conceitual ou experiencial para essas transformações). Mas pode ocorrer também que a vivência religiosa esteja fixada em formas de etapas anteriores.

Se houver a passagem para uma fé mais pessoal, um passo a mais estará sendo dado na direção da integração entre religião e vida.

> **Desafio central:** passar do tédio das rotinas para a alegria da liberdade, descobrir um sentido pessoal para o que se faz.
> **Necessidade predominante:** autorrealização.
> **Experiência básica:** da liberdade e do sentido pessoal.
> **Consequência:** alegria, discernimento.
> **Religião:** superação de seus aspectos rígidos e estereotipados (podendo até levar a um abandono se não houver um bom apoio experiencial ou conceitual) e centração numa vivência mais pessoal, e menos fixada nas exterioridades.
> **Enraizamento da religião:** aumenta a integração da religião com a vida.

Etapa do adulto mais velho (dos 60 aos 80 anos mais ou menos)

No processo de desenvolvimento do eu a pessoa é nessa fase chamada a aprofundar a libertação a partir de todos os apegos. A confiança básica leva a descobrir a vida simplesmente, para além dos apoios externos, e daí a sabedoria, para além da ciência.

O sistema de orientação, religioso ou não, se relativiza como sistema. O conceito é cada vez mais vivido apenas como instrumento da experiência. Há uma premência maior na busca de um realmente último, na linha da necessidade de transcendência (talvez provocada pela desproporção entre as aspirações profundas e as perdas). A necessidade de sentido tende a se tornar explicitamente religiosa (embora os conceitos possam variar). Se a vivência religiosa explícita não recuou para formas rígidas, ela será agora expressão de uma relação experimentada na humildade diante do mistério. Caso isso não ocorra, é provável que a pessoa viva em revolta ou amargura.

Na melhor das hipóteses a integração entre religião e vida tende a ser tal que esses dois âmbitos da experiência caminhem para se fundir. Viver simplesmente (sem nenhum outro apoio, utilidade ou finalidade) é a forma de estar ligado ou "re-ligado" (ou a forma de religião).

> **Desafio central:** passar dos apegos à libertação, descobrir o que é simplesmente viver.
> **Necessidades predominantes:** autorrealização e transcendência.
> **Experiência básica:** viver, vitalizar.
> **Consequência:** serenidade (além do prazer), sabedoria (além da ciência).
> **Religião:** torna-se agora a expressão de uma relação experimentada na humildade diante do mistério (caso não tenha recuado para formas anteriores).
> **Enraizamento da religião:** a integração entre religião e vida é tal que esses dois âmbitos tendem a se fundir: viver é estar ligado, ou "re-ligado".

Etapa da proximidade da morte [...]

Nessa situação a pessoa vivencia momentos muito especiais em termos de desenvolvimento religioso ou humano pessoal. O desafio é, na verdade, passar da vida para algo radicalmente diferente, e entregar-se em paz nessa passagem. Caso ocorra isso, haverá uma progressiva transcendência do eu empírico com a aceitação da autodissolução, e uma abertura para o totalmente outro. A preparação para a entrega absoluta, ou ela própria, se constitui no supremo ato religioso (ou implicitamente religioso quando a referência ao transcendente não é conceituada). A revolta, ou a tentativa de segurar-se, pode tornar os últimos tempos de vida ou o ato de morrer, extremamente tormentoso. Mas também é possível que a eminência da passagem reconstrua totalmente, na aceitação, as respostas aos desafios da vida.

Quando os desafios são superados, religião e vida não mais se distinguem experiencialmente (embora possa haver conceitos que não atendam à totalidade dessa experiência).

Desafio central: passar da vida para a morte, aproximar-se do significado do todo.
Necessidade predominante: de transcendência.
Experiência básica: entregar-se (devolver a vida).
Consequência: dissolução do eu empírico.
Religião: fica totalmente relativizada ao seu objeto (agora vivido em sua proximidade imediata); assume plenamente seu caráter de expressão da relação quase direta com o mistério.
Enraizamento da religião: a entrega total e confiante é o supremo ato religioso, capaz de resgatar todas as respostas aos desafios anteriores.

CONSIDERAÇÕES FINAIS

Essa hipótese tem alguns eixos teóricos, dos quais destacamos alguns.

1) O religioso, como entendido aqui, não é algo que se acrescente ao humano como um elemento estranho. Pelo contrário, ele aparece na linha do próprio desenvolvimento pessoal, como uma exigência quase natural.

2) Psicologicamente falando, a religião pode ser promotora ou bloqueadora de desenvolvimento. Isso dependerá de sua qualidade humana. Há possibilidade de um trabalho pessoal em direção a uma autenticidade maior da vivência religiosa.

Psicologia do
desenvolvimento religioso

3) Depois da juventude não é mais possível uma religião coerente com os desafios da idade, que não seja fundamentada experiencial e reflexivamente. As formas religiosas que, a partir daí, não forem assim caracterizadas, serão imaturas do ponto de vista psicológico.

4) Nas etapas mais avançadas do desenvolvimento pessoal, o seu lado humano e religioso coincidem. Mas há a possibilidade de uma experiência religiosa que não seja elaborada com conceitos propriamente religiosos; ou seja, há a possibilidade de uma religião implícita em uma fé humana aberta a um sentido último.

Capítulo 7
ANÁLISE DE HISTÓRIAS RELIGIOSAS

Analisei alguns relatos de histórias religiosas num artigo publicado na revista *Estudos de Psicologia*.[3] Com a permissão dos editores da revista, retomo aqui aqueles relatos e sua análise, fazendo, no entanto, algumas modificações, seja no sentido de adaptar o texto ao conjunto deste livro (principalmente evitando a repetição do que já foi escrito no capítulo anterior), seja no sentido de aprimorar um pouco mais a compreensão (acrescentando, por exemplo, a importante contribuição de Gordon Allport, mencionada por Ávila). Essa análise pretende ilustrar o modelo teórico do desenvolvimento religioso apresentado no capítulo anterior.

Ávila (2007) menciona em seu livro uma distinção de Gordon Allport que ficou famosa: uma coisa é a *religiosidade extrínseca*, de quem segue uma religião por conveniência social ou familiar, ou para obter um silenciamento

---
3 AMATUZZI, M.M. O desenvolvimento religioso: análise de depoimentos. *Estudos de Psicologia* (Campinas), 17(3), 2001, pp. 43-66.

mais ou menos artificial das indagações existenciais de sua consciência, por exemplo, e outra coisa bem diferente é a *religiosidade intrínseca,* vinda do interior da pessoa que busca um sentido mais profundo para sua vida. Esta baseia-se numa experiência pessoal e num posicionamento de onde decorre toda uma direção para a vida. Ávila retoma essa distinção, reformulando-a em termos de "religião funcional", utilitária, por um lado, e "religião como experiência de encontro", por outro (ÁVILA, 2007, pp. 91-96).

Em nosso modelo de desenvolvimento religioso a religião pessoal começa naturalmente de forma extrínseca: a criança participa da religião dos pais, e não raro esses apenas dão continuidade a uma tradição de família. No entanto, muitos adultos podem permanecer com essa religiosidade extrínseca numa idade em que isso já não seria de se esperar, pois, psicologicamente falando, ela não se sustenta mais num mundo como o nosso. O jovem adulto já está apto a dar conta de suas opções de vida, assumindo-as com base numa experiência pessoal e num entendimento tanto quanto possível fundamentado (mesmo quando se trata de reassumir uma tradição familiar, só que agora conscientemente). E se não o faz, estará havendo em algum grau uma deficiência de integração psicológica. Levantamos, pois, a hipótese de que pode haver atraso no desenvolvimento religioso (no sentido amplo de desenvolvimento no campo das tomadas de posição em relação a um sentido último de vida), com consequências para o equilíbrio psicológico.

Apresentaremos aqui pequenos relatos completos de história religiosa, seguidos de uma análise à luz de nosso modelo teórico. No capítulo seguinte deste livro utilizarei também trechos de outras histórias religiosas recolhidas posteriormente, visando ilustrar cada uma das possíveis posições religiosas ao longo do desenvolvimento.

Psicologia do
desenvolvimento religioso

COMPREENDENDO RELATOS

Na coleta dessas histórias religiosas houve sempre a preocupação de fazer isso de forma não diretiva quanto ao conteúdo, e, tanto quanto possível, de maneira aprofundada em ondas sucessivas de conversa. Não houve, no entanto, uma fórmula padronizada. Algumas pessoas foram entrevistadas individualmente, outras em grupo. Mas sempre havia um momento de elaboração pessoal posterior, seja por escrito individualmente, ou oralmente num depoimento gravado. As entrevistas foram realizadas por mim, como pesquisador, ou por auxiliares de pesquisa. Todos os entrevistados sabiam que estavam fornecendo relatos para uma pesquisa que poderia ser publicada, e consentiram nisso.

De modo geral e sempre que possível buscávamos partir de um primeiro depoimento mais factual, digamos assim, para depois, em outro momento, solicitarmos a experiência mais subjetiva; finalmente, num terceiro momento, fizemos algumas perguntas mais específicas.

A ideia inicial era entrevistarmos pessoas mais velhas, com mais experiência de vida, ou com mais história para contar. Depois estenderíamos a coleta a outras idades e condições de vida. Para esta pesquisa foram colhidos 22 depoimentos, 9 de homens e 13 de mulheres. A pessoa mais jovem tinha 21 anos, a mais velha 81. Entre essas idades houve pelo menos uma pessoa para cada grupo de 10 anos, sendo que os grupos maiores foram: de 20 a 30 anos, com 6 pessoas; e de 40 a 50 anos, com 9 pessoas.

Por coincidência todas as pessoas entrevistadas eram nascidas em famílias ao menos parcialmente de tradição cristã católica, mesmo que atualmente já não se considerassem adeptas do cristianismo como religião. Isso, evidentemente, precisa ser levado em conta na interpretação dos resultados.

Dos 22 depoimentos, foram escolhidos 8 mais ilustrativos para a apresentação aqui. Serão apresentados os relatos integrais e uma posterior análise compreensiva deles. Essa análise não foi uma aplicação mecânica do modelo teórico proposto, mas uma compreensão a partir do modelo. A compreensão deveria ser tal que pudesse fazer sentido para a pessoa caso ela viesse a entrar em contato com essa análise proposta.

Nas transcrições todos os nomes próprios foram modificados para que as pessoas e os lugares não fossem identificados. Na apresentação de cada depoimento há uma frase introdutória explicando como nesse caso particular ocorreu a coleta.

1) Depoimento de Gabi (fem./21, 1999)

Gabi tinha 21 anos na ocasião da pesquisa. Seu depoimento foi colhido por escrito, após conversa em grupo, em abril de 1999; e foi seguido de outro, em maio do mesmo ano, respondendo a 3 perguntas: descreva momentos de experiência religiosa, momentos de dúvida religiosa e momentos de oração.

1º relato

Minha vida religiosa.
Sou de uma família cristã; ia com meus pais à missa todos os domingos, até meus 10 anos. Depois fiz minha primeira comunhão: me confessei pela primeira e última vez, pois não me "senti bem", não sabia o que falar para o padre.
Minha mãe vai em benzedeiras para tirar "mau-olhado", acredita também que trabalhos feitos em centro de umbanda podem influenciar a vida das pessoas; apesar de eu não acreditar em nada disso, respeito a opinião dela e de vez em quando exponho a minha opinião sobre tudo isso.
Quando tinha 16 anos minha avó faleceu, sofri muito com essa perda e fui buscar um "consolo" na doutrina espírita, lia muito sobre a reencarnação e isso me deu um alívio quando necessitei de ajuda.

Atualmente não frequento missas, mas me sinto bem em ir até a igreja e rezar um pouco; converso com Deus todos os dias, pois acredito nele e em seu poder, apesar de não ter uma religião definida.

2º relato

Lembro de ter ficado mais perto do mistério da vida (de Deus) em alguns momentos em que sinto a nítida sensação de [que] já vivi determinados acontecimentos em minha vida, e nesses momentos sinto que há algum mistério e que existe uma força maior.

Houve momentos em minha vida em que duvidei dessa força maior, de Deus. Um desses momentos foi quando minha avó morreu. Pensei: como Deus poderia me separar dela? Como estava sofrendo tanto, duvidei dele.

Toda noite ao me deitar eu rezo. Na minha oração eu rezo o Pai-Nosso, a Ave-Maria, agradeço pelo dia, rezo para minha família e se algo muito importante irá acontecer no dia seguinte, peço para Deus me iluminar.

Análise compreensiva do depoimento de Gabi

Gabi (21 anos, estudante, solteira) é de família católica, tendo sido iniciada nos ritos infantis próprios dessa tradição. Contudo, mantém com a religião católica uma relação ambígua: "sou de família cristã ... confessei pela primeira e última vez ... fui buscar consolo na doutrina espírita ... não frequento missas ... sinto-me bem em ir até a igreja e rezar um pouco ... converso com Deus todos os dias ... não [tenho] ... uma religião definida". Nesse ponto segue sua mãe que parece ter também uma posição religiosa um tanto sincrética.

A religião interior pessoal de Gabi está mais voltada para Deus, sem a mediação claramente reconhecida de uma determinada comunidade religiosa. Acredita no poder de Deus e expressa isso em orações (nas quais utiliza fórmulas católicas). "Converso com Deus todos os dias, pois acredito em seu poder... toda noite ao me deitar eu rezo o Pai-Nosso, a Ave-Maria, agradeço pelo dia... peço pra Deus me iluminar".

Sua experiência de oração é um tanto ritualística, baseada na crença no poder de um Deus com quem pode relacionar-se como numa troca de favores. Mas, em experiências de "já vivido" (quando ela sente que já passou antes por aquele acontecimento pelo qual passa no presente), sente que há um *mistério* na vida, que *existe uma força maior*. É como se ela se afastasse do imediato e ganhasse uma visão mais ampla, aberta ao transcendente.

O tipo de relação com o objeto religioso, se olhássemos apenas os rituais pessoais (orações da noite), parece ser o da terceira etapa em nosso modelo (meninice): os objetos religiosos são externos, dotados de poder, e existe a possibilidade de uma influência sobre eles através de ritos, preces e agradecimentos. Mas é justamente essa religião que ela questiona na medida em que se relaciona com uma instituição (a igreja católica e suas normas), assim como questiona o valor de certas práticas religiosas de sua mãe. Por esses questionamentos poderíamos dizer que ela está vivenciando a quarta etapa de nosso modelo (adolescência).

Não há menção a um momento intenso de experiência religiosa pessoal. Ela se movimenta mais no âmbito da religião recebida, da qual aceita algumas coisas e rejeita outras. No entanto, a experiência do "já vivido" tem sido para ela como a porta para o mistério: isso aponta para necessidades de uma etapa posterior (o jovem adulto), mais coerente com sua atual etapa de vida, mas não suficientemente elaborada. Também aponta na mesma direção uma certa busca de um pensamento próprio sobre os assuntos religiosos: "apesar de eu não acreditar em nada disso [benzedeiras e umbanda], respeito a opinião dela [sua mãe] e de vez em quando exponho a minha opinião sobre tudo isso".

Em resumo ela diz que "não tem uma religião definida". E podemos entender isso como indicando que ela não conseguiu ainda uma boa integração entre uma religião (externa) e experiências pessoais do mistério da existência. Nesse sentido ela estaria vivenciando a necessidade de elaboração própria do jovem adulto. Que essa necessidade não esteja sendo sentida com muita pressão, talvez isso se deva à presença de aspectos de outras etapas em sua vivência (meninice e adolescência) não ainda superados plenamente.

2) Depoimento de Euler (masc./25, 1999)

Colhido por escrito, após conversa num grupo de quatro pessoas. Houve, para Euler, três ondas de conversa, cada uma seguida de um relato pessoal escrito em particular por ele. Nas primeiras, falou-se sobre a história religiosa de cada um, e na última foram abordados assuntos mais específicos sobre momentos de experiência religiosa, dúvidas e oração.

1º relato

Até onde minha memória consegue explorar, minha experiência religiosa começou na religião católica; desde pequeno meus pais me levavam à missa. Devido ao fato de minha mãe na época dar aulas de catecismo, logo me inseri num desses grupos. Frequentei por volta de três anos antes de minha primeira comunhão.

Nessa época eu tinha bem fixado em mim certos dogmas como a existência de um céu, de um pai bondoso, do pecado, do poder da oração etc. Eu acreditava nesses preceitos até que um dia eu passei a questionar tudo isso. É claro que foi um processo no qual primeiro não conseguia mais crer nas palavras do padre, transformando o ir à missa numa tortura; depois comecei a conciliar duas coisas inconciliáveis a meu ver, que são a fé e a razão. Fruto disso foi minha opção pela segunda. Eu já não conseguia acreditar em Adão e Eva, sabendo que o homem descende do macaco. O viver uma vida sem pecados ou arrependendo-se soava como "continue obedecendo o papai e a mamãe", ou "aja politicamente correto".

Nesse contexto abandonar a religião católica foi de um lado fruto de uma revolta muito própria do período de adolescência em que eu estava entrando, e também uma consequência de meu crescente interesse por arqueologia, história, futuramente parapsicologia e ufologia.

Na verdade, eu estava à procura de uma verdade em que acreditar, já que a imposta pelas religiões tradicionais eu decididamente não viria a procurar. A leitura de relatos de experiências fora do corpo, bem como de sucessos terapêuticos com a Terapia de Vidas Passadas, me levaram a indagar por que eu mesmo não teria condições de chegar a ter uma experiência religiosa; que me mostrasse não pelo artifício da fé, mas pela experiência prática, que não terminamos aqui, que existe outra vida. De fato, se considerarmos o desdobramento e a reencarnação como dogmas (existem e acabou) é bem fácil pensar em chegar a uma experiência individual que revele esses segredos da vida tão buscada em outras religiões. Fazendo uma outra análise pode-se dizer que nesse momento eu estava tentando botar em prática uma fé baseada numa espécie de razão. Um próximo passo nessa busca foi entrar na meditação.

Aliás, se até hoje eu nunca tive oportunidades de ter nem experiências fora do corpo nem evidência da reencarnação, foi na meditação que eu aprendi que tão misterioso quanto o céu é nosso universo interior; nossa consciência ou nosso estado de consciência pode sofrer alterações motivadas pela respiração, o relaxamento de uma atitude mental favorável. Se isso é inconsciente ou se entramos em contato com uma força superior não é algo que estou em condições de responder, mas que essas práticas produzem um efeito quase inacreditável em praticantes antigos, isso eu considero inegável. Falo isso não por experiência própria, mas por ter estado com tais praticantes nesse período. Essas pessoas chegam mesmo a ter uma experiência religiosa particular, seus relatos lembram delírios, porém nota-se que seja o que for é algo benéfico para elas.

Meu próximo passo foi relativizar e questionar tudo isso, o que foi ao mesmo tempo que ingressei na psicologia. Obras como *O futuro de uma ilusão*, do Freud, quando li, senti como se alguém tivesse colocado em palavras o que eu sentia intuitivamente; era exatamente como eu via, mas não enxergava.

Jung, no extremo oposto, escreve aspectos positivos da religião; são duas formas de pensar que se entrelaçam no modo como sou religioso hoje.

Sintetizando, minha experiência religiosa está intimamente ligada à razão; de certa forma ainda é preciso "ver para crer", não consigo

Psicologia do
desenvolvimento religioso

"crer por crer", e esse é um caminho que eu sei que pode modificar. Meu crer em Deus está ligado à noção de infinito, de causa última, sopro da vida, noções que eu sei que são religiosas, mas chego a elas pela razão; é assim que me constituo como religioso.

2º relato

Levantando como pontos principais da minha experiência religiosa num primeiro momento meus questionamentos sobre alguns dogmas da religião católica e, em seguida, o meu contato com a literatura psicanalítica, especificamente *O futuro de uma ilusão*, e Jung, vou tentando na medida do possível aprofundar minha reflexão nesses momentos. Comecei a questionar a religião católica quando eu estava com aproximadamente 10 anos. Até essa época eu frequentava a missa, via a Igreja como a casa de Deus, bem cedo já comecei a fazer catecismo. Acho que por um lado foi a leitura que me levou a conhecer outros horizontes que, se não são contraditórios, pelo menos são diferentes da religião; passei a me interessar por outras coisas igualmente inexplicáveis, como UFOs, Triângulo das Bermudas etc.; por outro lado foi um momento em que encontrei não só coisas novas por livros, mas também nos relacionamentos; mudei de colégio, abandonei mais a saia da mãe; enfim, passei a me preocupar mais com molecagens, escola, os UFOs, do que com a religião.
Quanto à leitura de *O futuro de uma ilusão*, acho que foi interessante: o que eu intuía, ele escrevia, organizava, explicava; é um modo frio de encarar a experiência religiosa, me identificava quando lia. Talvez devido ao tempo quase que integral que dedico a atividades racionais como estudante, continuo não pensando na religião a partir de mim, gosto do assunto, mas percebo que encaro como algo fora; acho que isso explica porque me identifiquei com essa concepção.
Porém, também percebo que isso vai mudando, modos diferentes de encarar a religião vão chegando e se somando ao antigo.
Na verdade, tenho dúvidas se estou falando da religião, pois: o que interessa minha concepção racional de religião, se não a sinto? Tento entender, mas não sinto? Ou será que entender ou buscar isso também é religião?

3º relato

Houve um momento em que senti uma outra dimensão superior. Foi quando eu viajava nas redondezas da cidade X [...]. Nesse trajeto que se realizava num local cheio de curvas, veio de encontro um outro carro em sentido contrário, com alta velocidade e em via de colidir. A colisão inevitavelmente iria lançar o carro onde eu estava, num precipício. No momento em que ia ocorrer, o carro desviou-se e com isso descontrolou-se mais ainda, vindo a cair. Paramos o carro ilesos, e observamos o [outro] carro despedaçado lá em baixo. Ninguém saiu do carro.

Nesse momento é como se o tempo parasse, pensamentos como "não chegou minha hora", "foi Deus", além de muitos outros, indescritíveis com palavras, passaram por mim.

Porém, assim como houve esses momentos de contato com um mistério, também existiram momentos de questionamentos, quanto à religião como um todo. Contudo, foram dúvidas sobre a religião institucionalizada, com normas e regras ditadas por um outro que, quer seja o padre, o pastor, o líder espiritual ou Jesus, apóstolos etc., eram vindas de fora. Passei a questionar o que levaria a pessoa a precisar disso; cheguei também a me dizer ateu, mas não no sentido de duvidar de tudo o que me ultrapassa, mas de não acreditar no Deus imposto pelas religiões.

Houve outros momentos em que tive a experiência desse mistério, digo experiência para distinguir do evento do quase acidente em que eu intuí esse mistério.

Na época desse evento eu me interessava muito por experiências de viagem astral. Lia bastante e tentava utilizar algumas técnicas para produzir isso.

Uma noite, após um relaxamento antes do sono, tentei produzir, não sei avaliar se por pura autossugestão ou algo mais, o desdobramento. Aconteceu de eu cair no sono e pouco depois começar a sonhar. Acontece que no meio do sonho me conscientizei de que estava sonhando sem, contudo, acordar. Fiquei muito pouco dentro do sonho conscientizado e senti como se tivesse acordado, mas eu não sentia meu corpo, nem a pressão da cama ou cobertor sobre ele. Era como se eu não tivesse peso e pairasse no ar. Nesse momento senti intenso medo, sabia o que estava acontecendo (naquela época eu acreditava sem questionar) e tentei me acalmar. Foi quando senti como se eu estivesse caindo, semelhante a uma pena que cai suavemente.

Senti uma espécie de choque quando supostamente penetrei em meu corpo, só que era como se não estivesse bem encaixado. Tentei gritar socorro, pular da cama, mas minha voz não saia, minha boca não mexia, e meus músculos estavam também imóveis; já podia sentir meu corpo, mas só isso, o que me deu mais desespero. De repente eu dei um pulo da cama, senti como se tivesse dado um grito e pensei que devia ter acordado todo mundo em casa, o que não ocorreu, acho que tive a impressão que gritei. Nunca mais tive outra experiência similar. Tive também experiência de sonhar que eu quebrei o braço, que um professor específico iria faltar, ou com eventos que futuramente ou no dia seguinte aconteceram, claro que não idêntico ao conteúdo do sonho, mas a similaridade era muito grande. Por isso, embora eu não tenha nenhuma religião, não pratique nem ioga nem meditação, e nem tenha o hábito de rezar, eu não duvido de que haja mais mistérios entre o céu e a terra do que supõe nossa filosofia.

Análise compreensiva do depoimento de Euler

Euler, 25, não está simplesmente experimentando que a definição religiosa recebida dos pais já não lhe serve, pois não vem de dentro de si mesmo. Isso seria a fase adolescente. Ele está ativamente buscando algo que o convença pessoalmente, a partir de sua experiência e de sua razão. Isso o coloca na etapa do jovem adulto.

Seu depoimento é quase didático. Sua religião infantil gira em torno de um gesto que tem significado sintético para ele: "*ir à missa*". Depois ele menciona conceitos simples, quase simplórios, de "dogma" como a "existência do céu", de um "pai bondoso", do "pecado", do "poder da oração", referindo-se, assim, ao que um menino podia entender, de forma bastante direta e literal. Veio então o questionamento de tudo que vem de fora: "não conseguia mais crer nas palavras do padre, transformando o ir à missa numa tortura". Era a adolescência. O abandono da religião foi apoiado também por seus estudos que avançavam nessa época. Mas a religião que ele abandonou foi a daqueles conceitos simplórios do menino e que não faziam mais sentido naquela etapa de vida em que se encontrava.

Após isso sobreveio o período de busca de uma verdade que pudesse ser também apoiada pessoalmente em experiência e razão. É a etapa do jovem adulto em que ele se encontra: "eu estava à procura de uma verdade em que acreditar". Esse período, ainda atual, parece que está sendo longo, cheio de buscas ativas, diversas experiências pessoais e questionamentos, não necessariamente em torno de religião, mas em torno do sentido de vida. Embora questione a religião recebida, sente-se aberto para o que possa "ultrapassar" a ele mesmo. E conclui seu relato com o que seria sua posição religiosa atual: embora "não tenha nenhuma religião [...] eu não duvido de que haja mais mistérios entre o céu e a terra do que supõe nossa filosofia".

Euler vivencia claramente a etapa do jovem adulto, trabalhando dentro de si a busca de uma verdade que o possa convencer. É a busca de uma intimidade com o mundo e a vida de onde possa decorrer uma compreensão do todo, que faça sentido.

3) Depoimento de Zezo (masc./45, 1999)

Colhido por escrito, de uma só vez, após receber instrução de uma auxiliar de pesquisa.

Relato

Minhas experiências religiosas têm início quando ainda pequeno fiz o preparatório para a primeira comunhão, e [o] que recordo muito fortemente daquela época são o livro e a fita que recebi para estudos e uso posterior aos domingos, nas missas, para que fosse distinguido visualmente daqueles que ainda não tinham feito a primeira comunhão. Isso desde sempre foi para mim uma forma de individualizar-me dos demais e para os padres uma maneira que a Igreja tinha ou tem para controle.

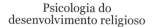
Psicologia do
desenvolvimento religioso

Um outro momento que tenho também muito forte na lembrança é quando já jovem adulto, altamente contestador e muito sensível à aplicação dos ensinamentos religiosos recebidos nas missas dominicais, quando em um Domingo de Ramos no sermão o padre falou sobre penitências e atos de pobrezas, e outras balelas mais, manda que se recolha o dízimo, e a cena em minha cabeça é a de um par de mãos sustentando uma bandeja cheia de dinheiro. Na segunda-feira, dia seguinte àquela cena, eu passo em frente a casa do padre para o trabalho, a pé, e tal não é minha surpresa, quando olho na garagem da casa um automóvel Wolks, zero km, na cor e ano que eu tanto sonhava, aquilo foi a gota d'água para minha virada de mesa. Frequentava uma religião que de uma certa forma vinha me dando informações distorcidas às pregadas por Jesus. Daí em diante revoltei-me e não frequentei mais a Igreja. [Mas] Ficar sem vínculo espiritual jamais.

Andei à procura de alguns ensinamentos religiosos, mas não encontrava em nenhum deles o que procurava até deparar-me com a Revista Acendedor (hoje Fonte de Luz), publicada pela Seicho-No-Ie, na qual em um de seus artigos o Mestre Masaharu Tanigushi contava sua experiência também como uma pessoa que procurava um bom ensinamento religioso e que, como eu, quando jovem era mais um desses rebeldes sem causa, mas que no fundo isso é o que serviria no futuro como estimulante para se encontrar. Naquele momento identifiquei-me com o artigo e prometi para mim mesmo que iria conhecer aquela que eu achava ser uma religião; e qual não foi meu espanto quando em uma reunião a que fui, tinha no palco um japonês de idade já avançada e em japonês falava ao público com a ajuda de uma intérprete; mas o que eu vi e senti, naquele momento, era que tudo que aquele senhor falava em japonês, eu já sabia o que era, sem nunca ter falado ou aprendido aquela língua.

O que estava sendo estudado era alguma coisa que para mim sempre foi muito confusa, pois até então eu tinha aprendido que Jesus era Filho de Deus e eu era Filho do Pecado. E que para estar com o Pai ninguém iria até ele senão por intermédio de Jesus. E ali eu ouvi pela primeira vez que eu era Filho de Deus e que Deus está em mim. Ouvi também, que tudo que verdadeiramente existe é somente Deus e o que vem de Deus, portanto, naquele momento tudo ficou muito claro, pois até então a existência de Deus era uma coisa muito confusa que os padres incutiam na cabeça da Humanidade.

E aí hoje eu posso comprovar o quão difícil foi para a Humanidade ao longo da existência, ser treinada, condicionada a acreditar no que ouve e não ser contestadora, não analisar até que ponto o que está sendo informado serve ou não, ou seja, filtrar a informação para que somente seja absorvido o que realmente acrescente.

Comecei a frequentar esta filosofia de vida chamada Seicho-No-Ie em outubro de 1985, portanto, na época tinha 30 anos; hoje, 15 anos depois constato que grande parte do que sou, alcancei por ter encontrado nesse ensinamento um orientador para o que viria a ser minha vida. Entendo que ensinamento, seja lá de que nature-za for, precisa, pela concepção da palavra, ser entendido como tal, ou seja, ensinamento, e não como um amontoado de informações privilegiadas de uma minoria em detrimento da maioria. Hoje, 15 anos depois tenho para mim que o Movimento de Iluminação da Humanidade, do qual faço parte, tem como norma fundamental a prática do sentimento de gratidão e a manifestação de amor em todos os atos.

É fácil? Eu acredito e tenho todos os dias constatado tal facilida-de, pois faço da vida humana uma vida divina e avanço crendo sempre na vitória infalível.

Análise compreensiva do depoimento de Zezo

Zezo, 45, é de origem católica. A recordação marcante do *livro* e da *fita* da época de sua primeira comunhão, mostra como na infância pode haver objetos ou símbolos sintéticos do religioso (2ª etapa de nosso modelo).

Hoje, no entanto, ele se identifica como praticante da filo-sofia Seicho-No-Ie e membro participante do Movimento de Iluminação da Humanidade. Apesar de tudo, define-se, em parte, por oposição à sua religião de família. Seu depoimento é permeado de críticas veladas à Igreja Católica e aos padres: as "balelas" de que falava o padre em seu "sermão"; as "infor-mações distorcidas" sobre a verdadeira doutrina de Jesus; a existência de Deus como uma coisa confusa que a Igreja pro-cura incutir nas pessoas; a existência de elites privilegiadas na Igreja. Essa autodefinição pelo caminho do contraste ou da oposição se prende aos questionamentos adolescentes da identidade recebida (4ª etapa) que ele ainda precisa reafirmar.

A ruptura com a religião de sua infância, porém, não o afastou de uma busca espiritual mais pessoal. Ele diz: "ficar sem vínculo espiritual, jamais". Nesse movimento de busca (do jovem adulto, 5ª etapa) ocorreu um encontro bastante profundo e marcante com um líder espiritual da Seicho-No-Ie.

A forma como vivencia hoje essa *filosofia de vida* já aponta para uma certa fecundidade de sua atitude no meio. A "prática do sentido de gratidão e a manifestação de amor em todos os atos" representam essa expansão de sua *religião* no meio. "Faço da vida humana uma vida divina": essa afirmação aponta também para uma integração, em andamento, entre religião e vida, característica da etapa do adulto que parece ser a sua (6ª etapa).

A relação com o objeto religioso tem o seu contexto no movimento (Seicho-No-Ie) do qual "faz parte", sua identidade religiosa pessoal sendo ainda bastante determinada por ele. Uma retomada da pessoalidade dessa relação será o desafio da próxima etapa a partir do questionamento de sua rotina (7ª etapa). Mas não é isso que ele vivencia no momento. Apesar de ter que afirmar sua oposição adolescente ao recebido, sua fase atual é a do adulto fecundo que se expande no meio, apoiado numa instituição religiosa com a qual se identifica.

4) Depoimento de Blenson (masc./41, 1999)

Depois de uma conversa introdutória sobre o tema num grupo de cinco pessoas, cada um, inclusive Blenson, contou sua história religiosa pessoal. Em casa, cada um escreveu essa história. Ela foi lida em uma terceira reunião em que compareceram apenas duas pessoas, sendo uma delas o Blenson. Houve nessa reunião uma conversa compreensiva a partir de cada leitura, e o pesquisador anotou algumas coisas dessa conversa.

Relato

A minha história religiosa passa pela minha recordação de quando ainda pequeno, a grande e evidente religiosidade de meus avós [...], os quais tinham grande devoção à Nossa Senhora Aparecida. Assim, minha mãe foi batizada com o nome (desta santa).
Ainda, quando pequeno, recordo-me das vezes em que brincava próximo da Igreja São Judas Tadeu, no bairro X em minha cidade natal. Ocorre que eu brincava, porém com medo, pois os comentários eram que Judas havia sido o traidor de Jesus. Assim, como eu não tinha o conhecimento que hoje tenho, tinha um medo grande do Judas, sendo que muitas vezes passava correndo rápido em frente à igreja.
Após meu conhecimento da qualificação de São Judas Tadeu como um dos apóstolos, escolhido pelo próprio Jesus Cristo, uma grande alegria me contemplou, à qual foi causadora do início de minha devoção a São Judas Tadeu.
Para minha alegria, a pequena igreja que existia (em minha cidade), hoje se tornou um Santuário [...], que abriga um total de 1.600 pessoas nas concorridas missas e celebrações.
Tenho, dentro do possível, visitado várias igrejas desse importante apóstolo em várias cidades [...].
Acredito que a religiosidade popular é um indicativo muito forte para uma verdadeira caminhada das pessoas com Jesus Cristo.

Anotações do pesquisador durante a conversa que se seguiu

Blenson fala de imagens que marcam, que são como um sinal da presença de Deus. Fala, por exemplo, de imagens do Sagrado Coração de Jesus em lugar de destaque nas paredes das casas, imagens de santos, de flores que são ali colocadas etc. Menciona também outras manifestações exteriores que ele gosta de ver, como, por exemplo, os bispos reunidos, a tradição apostólica, crucifixos. Comenta como isso é diferente de ver nas casas pirâmides e duendes.

Ele fica feliz e se sente motivado quando vê santuários com muitas atividades humanitárias e bênçãos. Fala da sua alegria quando vê os sinais de Deus se manifestando, os símbolos. É com essa fé que trabalha na comunidade. Quando tem uma devoção, procura difundi-la.

"Quando cheguei e vi aquela obra construída, aquela organização, aquelas cadeiras, a melhor cadeira..., saí de lá encantado!". Disse isso contando a visita que fez à obra que estava sendo construída em um santuário.

Fala de sua devoção aos santos. Diz que todo esse empenho com os santos que estão ao lado de Cristo são parâmetros para a gente se animar. É para que Cristo seja glorificado.

Considera que a religiosidade popular não pode se perder.

Sentiu-se chamado ao serviço comunitário quando da leitura de um texto do Evangelho sobre a missão dos 72 discípulos, e por um contato significativo com um padre. Esse chamado se refere a serviço de comunidade, pastoral, amor e temor pela autoridade de Cristo.

Análise compreensiva do depoimento de Blenson

O depoimento de Blenson (41 anos), muito reduzido e fragmentado, foi escolhido aqui, no entanto, porque ilustra uma religião que se apoia em manifestações exteriores simbólicas. Elas permeiam todo o seu relato. O nome de sua mãe evoca toda a religião de seus avós. Outros nomes são destacados no relato. Ele se refere, na conversa posterior, a imagens sagradas em lugar de destaque nas paredes das casas; imagens de santos, flores que são aí colocadas, crucifixos. Refere-se também a como o impressionam e enlevam as obras grandiosas da igreja, a organização complexa, e até a boa qualidade de objetos, como cadeiras, que aí se encontram.

O apoiar-se nesses aspectos externos parece remeter à religião da criança (2ª etapa), que se expressa em torno de objetos simbólicos, que resume o significado religioso. No seu desenvolvimento religioso permaneceu, digamos assim, um estilo infantil. Objetos, temor e amor, serviço à autoridade, a imponência de obras grandiosas. Ele se lembra do medo do Judas traidor, que fazia com que ele passasse correndo diante da igreja, e da posterior devoção ao Judas fiel. Seu envolvimento atual com sua comunidade religiosa é descrito, porém, como consequência de um sentir-se chamado a partir de palavras significativas que o tocaram.

Vê-se, pois, uma religiosidade fortemente baseada em símbolos concretos, em obras grandiosas, em sentimentos de amor e temor, e serviço à autoridade, no estilo da religiosidade da criança (2ª etapa), mas que, a partir dessa base, se expande no serviço religioso da comunidade por causa de um chamado que o tocou de forma significativa (6ª etapa) e que poderá servir como base também para posteriores desenvolvimentos (recuperando elementos de etapas intermediárias entre a 2^a e a 6^a).

5) Depoimento de Zélia (fem./48, 1999)

Colhido por escrito, em três ondas sucessivas, por um auxiliar de pesquisa.

1° relato

Sou uma pessoa de 48 anos de idade, com formação católica. Meu pai praticamente nos obrigava a ir à missa todos os domingos, minha irmã e eu. Lembro-me com alegria, porém, de minha primeira comunhão, feita no colégio de freiras que frequentava. Para mim, sempre foi fácil ter uma fé, acreditar em Deus. Várias vezes entrava em igrejas, muitas vezes vazias, e ali ficava um pouco, rezando. Gosto da ideia de termos um Pai que nos ama, apesar dos nossos defeitos. Também fico

especialmente feliz em acreditar que existe uma força superior que sabe para onde estamos indo, que tem nossos destinos em Suas mãos, pois o mais fácil é nos sentirmos perdidos no meio do caminho...
Penso também que o ser humano ainda não consegue compreender totalmente o significado de Deus em suas vidas. Mas, pessoalmente, confiar em Deus é o mesmo que acreditar que todas as coisas difíceis têm jeito e que estamos seguros, confiantes. É assim que vejo Deus em minha vida: a maior força do Universo.
Fico entristecida quando estou num ambiente e debocham de Deus, mas não julgo ninguém, pois cada um pode pensar como quiser.

2º relato

Justamente agora encontro-me numa fase de total desprendimento de religiões – Penso que a religião é um flagelo e o ser humano enlouquece com a possibilidade de Deus –, não compreende, nem se conhece para admitir um Deus. Pensamos que estamos a salvo se acreditarmos que Deus existe e tudo o que vemos são decepções e frustrações. Então, almejamos o total desprendimento e a liberdade – ser livre de dogmas, de fanatismos. Almejo isso – livrar-me de qualquer sentido de crença, para não me decepcionar. Mas depois bate a culpa – será que estou certa, será que vou ficar bem?
São perguntas que também não têm respostas...
Não é negar Deus – mas chegar a um ponto que tem que se admitir que não se pode alcançar Deus. Talvez seja só um estado de espírito, em que passo por muitas pressões (?) e pouca compreensão. Nada pessoal, só um estado de espírito.

3º relato

Embora meu momento atual seja de um pouco de ceticismo, devo reconhecer que sempre tive facilidade de acreditar em Deus. O Pai, o Amigo, o Perfeito, a Luz do Mundo, o Príncipe da Paz. E esse sentimento é tão forte e sempre foi o meu refúgio nos momentos ruins. Sempre tive a certeza de que existe um Ser Supremo que está acima de nós e que nos ama e nos protege. Mas se pensamos com a razão, onde está? No céu? E por que não se apresenta? Por que é só Espírito. Mas por que não o vemos? São essas perguntas que nos "enlouquecem" um pouco, mas acho que é aí que devemos colocar nossa fé em ação e acreditar somente. Crer, simplesmente. É isso que tenho feito em toda a minha vida. Ler a Bíblia é um desafio a que tenho me proposto. Existem trechos que são belíssimos e o mais tocante refere-se ao perdão: Pedro aproxima-se de Jesus e pergunta: Mestre, quantas vezes devo perdoar meu irmão? Sete vezes? E Jesus responde: "Setenta vezes sete". Ou seja: infinitamente. Para nós, seres humanos, é tão difícil perdoar. O mais fácil é odiar e tramar vinganças... Mas se dermos ouvidos à palavra de Jesus, perdoamos com facilidade, tiramos de nossos corações a mágoa, a decepção. Temos que viver essa fé.

Análise compreensiva do depoimento de Zélia

A religião de Zélia, 48, é permeada pela dúvida e, por isso, seu depoimento pode parecer contraditório: "gosto da ideia de termos um Pai que nos ama... penso também que o ser humano ainda não consegue compreender totalmente o significado de Deus em suas vidas... o ser humano enlouquece com a possibilidade de Deus... meu momento atual [é] de um pouco de ceticismo... sempre tive facilidade de acreditar em Deus".

Ela não se diz membro ativo da comunidade católica, mas "com formação católica". A primeira coisa de que se lembra é que seu pai a obrigava a ir à missa todos os domingos. Sua dificuldade de tomar posição, aliada à lembrança de um constrangimento por parte do pai, mostra um pouco de sua luta interior. De um lado o querer ter fé, de outro, a dúvida racional.

Zélia vê Deus como um "Pai que nos ama... a maior força do Universo". Reconhece que tem "facilidade de acreditar em Deus", mas as dúvidas lhe assaltam. Luta com seus questionamentos.

Talvez a saída concreta que antevê para esse dilema seja tomando posição construtiva nas relações humanas ameaçadas pelo ódio: "para nós, seres humanos, é tão difícil perdoar. O mais fácil é odiar e tramar vinganças... Mas se dermos ouvidos às palavras de Jesus, perdoamos com facilidade, tiramos de nossos

corações a mágoa, a decepção. Temos que viver essa fé". É assim que ela termina seu depoimento.

Essa tomada de posição concreta, para além de todas as dúvidas e raciocínios teóricos, faz pensar na etapa do adulto maduro (7ª etapa) em que também haveria uma espécie de superação do pensamento linear, para o qual ainda existem contradições. Isso corresponde de fato à sua idade cronológica. Mas ela está agitada pelos conflitos dessa etapa, não tendo ainda alcançado uma posição tranquila; e isso pode se prender ao fato de talvez ela não ter enfrentado os desafios próprios de etapas anteriores (da adolescência em diante).

6) Depoimento de Daniela (fem./48, 1999)

Houve duas conversas minhas com Daniela sobre sua história religiosa. Após a primeira ela escreveu um depoimento. Depois foi pedido que aprofundasse alguns pontos. Mas nesse intervalo ela tomou conhecimento de nossa teoria do desenvolvimento religioso lendo alguns textos que eu estava escrevendo. Escreveu então um outro depoimento que considerou mais completo, substituindo o primeiro. Achei interessante mostrar aqui esse seu relato porque, apesar de ele estar influenciado pela teoria, essa foi usada por ela como um instrumento que a ajudou a se ver melhor.

Relato

As vivências mais importantes que eu tive durante minha infância giraram em torno da figura de minha avó e de alguns santos de sua devoção. As lembranças que eu tenho desse período envolvem o uso de medalhinhas de Santa Clara, o ouvir histórias sobre Santo Antônio e a cruz de São Camilo que eu usava presa por um alfinete às minhas roupas.
Na escola [um colégio de freiras], aconteceu a preparação para a Primeira Comunhão e os momentos de ida à capela. De lá, especialmente,

tenho a recordação de um lugar muito bonito em que eu gostava de estar e onde, de algum modo, agora não sei explicar exatamente como, eu sentia a presença de Deus.

Já um pouco mais velha, comecei a ir à missa. Um momento que nem sempre eu conseguia compreender seu significado. As missas eram celebradas em latim, as homilias, acho, não procuravam trazer as reflexões sobre o Evangelho para a nossa vida. Passada essa primeira fase, de uma religiosidade mais "infantil", lembro de ter "abandonado" por um tempo uma vivência mais explícita, ou "externa" da experiência religiosa, mas não de Deus, com quem eu me comunicava por meio de oração. Cheguei a participar durante minha adolescência de alguns retiros do colégio onde eu estudava, mas eram situações que aconteciam esporadicamente.

Já morando na minha cidade atual, depois de entrar na faculdade, tive experiências diferentes, desencadeadas por amigos que conheci na República em que morava. Diferentes na medida em que pela primeira vez conheci pessoas, leigos e padres, que tinham uma prática religiosa e pessoal com as quais eu nunca tinha tido a oportunidade de ter contato. Experiências de celebrações em casa, que não tinham folheto, e uma experiência de Deus muito mais concreta, em situações de vida de cada um de nós.

O fato de ser uma coisa tão diferente, por outro lado, me levou a achar que as celebrações nas igrejas não diziam nada, eram distantes da minha vida. Então, com isso a minha "vivência" continuou acontecendo esporadicamente em contextos "alternativos". Eu só participava de celebrações com padres amigos. Esse foi um longo período, que passou por meu casamento e pelo nascimento dos meus três filhos.

Quando minha filha mais velha tinha por volta de dez anos, e que eu comecei a procurar por um lugar para que ela se preparasse para receber a Primeira Eucaristia, é que reconheço que passei a viver um outro momento na história das minhas experiências religiosas. Nesse período, sim, tenho a lembrança bem forte de ter sentido de forma bastante intensa a *necessidade de viver uma experiência de Deus*.

Contudo, ainda nessa fase, o predomínio da "forma" e do lugar onde viver essa experiência. A marca do "alternativo" ainda era forte e acabei encontrando a Comunidade X, que se reunia na escola Y, e era acompanhada pelo padre José Antônio [nome fictício]. Um grupo pequeno de pessoas que se reunia semanalmente para a celebração da Eucaristia e tinha o privilégio de ter um pastor só para si. Durante mais de dez anos frequentei a comunidade

regularmente, participando intensamente de todos os seus momentos, celebrações, retiros, reuniões informais para reflexão bíblica. Penso que já nessa fase a experiência de Deus estava definitivamente integrada à minha vida, e a busca pelo aprofundamento na reflexão, e também pela realização de algo mais concreto, não parou mais.
De alguns anos para cá, contudo, uma nova mudança. Penso que a marca dessa mudança foi o desejo de fazer as coisas menos "automaticamente". A tentativa de ir mais fundo significava também conhecer mais a respeito das questões que envolviam a religião católica. "Entender" melhor, por exemplo, o sentido da celebração Eucarística. O que cada momento da missa representava, compreender mais a simbologia também das celebrações como as que eu encontrava na leitura do Evangelho.
Também a busca por ações mais concretas significava a necessidade de selar de maneira mais definitiva o desejo de estar comprometida com Deus, sentindo que de algum modo eu precisava oferecer ou retribuir aquilo que eu recebia.
Penso que nessa fase senti de fato de forma mais intensa, uma outra dimensão da realidade, uma dimensão até misteriosa e diferente, mas que me movia de dentro para fora.
Parece-me que a necessidade de viver a experiência de Deus ia se constituindo de dois modos, um que era um olhar mais profundo para dentro de mim mesma, olhar esse orientado pela palavra do Pai, e um sair de mim, mais voltado para a minha ação no mundo. Juntando as duas coisas, viver concretamente a palavra de Deus. Considerando a dificuldade que isso de fato representa, então a necessidade de alimentar consta, incessantemente essa experiência. A necessidade de olhar diferente as coisas do dia a dia, e ao mesmo tempo viver isso na minha [vida] inteira.

Análise compreensiva do depoimento de Daniela

O relato de Daniela (48 anos) se apresenta bem dividido em fases. Do tempo de criança sua lembrança se concentra em objetos-símbolo e histórias: "medalhinhas... cruz de São Camilo... histórias de Santo Antônio... momentos de ida à capela"; e o significado da capela no qual, sem saber "explicar exatamente como", ela "sentia a presença de Deus". Isso ilustra as etapas 2 e 3.

Na adolescência (4ª etapa) foi se desinteressando das práticas que não entendia, e, como diz, "me lembro de ter abandonado por um tempo uma vivência mais explícita ou externa da experiência religiosa, mas não de Deus, com quem eu me comunicava por meio da oração". Houve certo afastamento da comunidade religiosa e de seus rituais, "mas não de Deus".

Como jovem adulta (5ª etapa) pôde ter "experiências diferentes". Participou de uma comunidade alternativa, pequena, na qual as comunicações podiam ser pessoais. Fala de uma "experiência de Deus muito mais concreta", aliada dessa vez a "uma prática religiosa... pessoal", e não mais como quem cumpre obrigações religiosas de forma anônima, diluída numa coletividade impessoal.

A etapa seguinte inaugura-se já com a necessidade de preparar os filhos para participarem de forma mais consciente da vida sacramental da Igreja. Aqui também se torna mais aguda a "necessidade de viver uma experiência de Deus", como se as experiências anteriores ainda não tivessem sido suficientemente pessoais, pois foram "desencadeadas por amigos" e, de certa forma, ainda muito ligadas ao pequeno grupo. No contexto da expansão adulta (6ª etapa), ela retoma aprofundamentos da etapa da intimidade (5ª etapa). "Aprofundamento na reflexão", e "realização de algo mais concreto", são expressões que caracterizam essa etapa adulta para Daniela.

Sem grandes marcas de separação começa a surgir outra etapa: "o desejo de fazer as coisas menos automaticamente, a tentativa de ir mais fundo". E juntamente a "busca por ações mais concretas", marcando o "desejo de estar comprometida com Deus". Ela sente isso como "a necessidade de um olhar diferente" para "as coisas do dia a dia". É a busca de uma nova integração pessoal, na etapa do adulto amadurecido (7ª etapa) que já vai se manifestando.

7) Depoimento de Mariana (fem./74, 1999)

Depoimento gravado a partir de uma instrução geral solicitando a história religiosa pessoal; e posteriormente transcrito sem as falas do entrevistador. Colhido por um auxiliar de pesquisa.

Relato

Eu aprendi toda a minha religião católica com meu avô, que veio da Itália; ele era um homem que sabia muito sobre a religião católica. Ele dava aulas de religião nas fazendas e até rezava [nas] missas. Nessa época eu sempre o acompanhava e assim aprendi toda a religião católica.
Até hoje nunca mudei ou pensei em mudar de religião. Comecei com seis ou sete anos já a entender a religião; eu ia sempre à missa; comecei a cantar em coral da igreja, foi na época em que mudei do sítio para a cidade.
Deus para mim é tudo, já recebi muitas graças, creio muito em Deus. Rezo muito, tenho minhas orações, faço grupo de terço, tem um outro grupo de reza para Nossa Senhora Aparecida, que tem uma imagem de uma santa que vai passando de pessoa em pessoa do grupo.
Quando tem alguém doente sempre rezo muito, peço e recebo muitas graças.
Uma vez minha filha estava muito doente, com uma doença grave, fazia um mês que ela estava na cama e não conseguia andar, e eu sempre fazendo minhas novenas ao Sagrado Coração, até que um dia quando eu já estava preparando o prato para ela almoçar, eu ia levar na cama porque ela não conseguia andar, quando a vi tinha se levantado e estava indo à mesa para almoçar. Era um domingo. Acredito que isso foi um milagre muito grande que recebi porque eu estava rezando muito para Nossa Senhora. A partir desse dia ela melhorou rápido e sarou [ao contar esse episódio, chorou].
Eu também não rezo só para conseguir graças, eu peço muito pra Deus proteger meus filhos e netos nas estradas, rezo quando eles ficam doentes, rezo por meus netos na escola, peço para ajudar nesses problemas tão sérios que estão acontecendo: assassinato, roubo. Então, toda noite minhas orações são para os meus filhos e netos. Peço pra Deus guardá-los e eu tenho muita fé de que nada acontecerá com eles.

MAURO M. AMATUZZI

Nunca deixei de acreditar em Deus nem por pensamento. Eu acho que a religião está acima de tudo porque uma pessoa sem religião não é nada, é uma pessoa que não pode contar com nada; pois o que ela vai contar se não tem religião?
Eu tive mais mostras da presença de Deus não só uma vez, várias vezes e sempre por doença. Há pouco tempo tinha uma netinha doente e tanto a neta como a filha não queriam a cirurgia. E eu fui pedindo para que Deus as iluminasse porque ela precisava fazer essa cirurgia para sarar. Foi quando o médico chamou e as duas não tiveram tempo de decidir, ou não deixar de fazer. Minha neta foi encaminhada para fazer a cirurgia, que deu certo, e hoje ela está melhor.

Análise compreensiva do depoimento de Mariana

Mariana, com 74 anos, tem consciência de que sua religião foi recebida por tradição, através da pessoa de seu avô *"que sabia muito sobre a religião católica"*. Ela apreendeu esse saber e nunca pensou em mudar de religião. Pelo contexto fica claro que não se tratou de um aprendizado meramente teórico, mas sim prático-vivencial.

A frase que resume o significado desse aprendizado é: "Deus para mim é tudo, eu já recebi muitas graças, eu creio muito em Deus". E também: "eu acho que a religião está acima de tudo porque uma pessoa sem religião não é nada". Não se trata de definições conceituais, mas vivenciais, associadas a experiências de relação, de confiança, de proteção.

Sua oração não é presa ao esquema de obtenção de benefícios por influência do orante, embora transcorra ligada a uma experiência de proteção contínua. É como um movimentar-se confiante nesse ambiente religioso, divino, de proteção. "Não rezo só para conseguir graças... peço pra Deus guardá-los eles e eu tenho muita fé de que nada acontecerá com eles".

O objeto religioso não é algo à parte da pessoa, embora esteja acima. É tudo. Está aqui implícita uma concepção de transcendência que envolve a pessoa, e não é um objeto como

Psicologia do desenvolvimento religioso

os outros, só que mais poderoso. Esse objeto é constituído numa relação que, mesmo tendo por vezes a linguagem da prece, é muito maior e mais abrangente. Sugere um movimentar-se num mundo divino. Por isso a ligação entre religião e vida é real e muito grande. Isso situa Mariana nas etapas mais evoluídas do desenvolvimento religioso: talvez a do adulto mais velho (8ª etapa). É interessante notar, no entanto, que a elaboração conceitual não é grande nem sofisticada. Pelo contrário, é bastante simples, embora carregada de muita força. Parece que para ela a precisão dos conceitos não é o que mais importa, o que denota também uma certa relativização, o que normalmente se junta à relativização dos aspectos meramente externos ou institucionais. Isso aponta também para a etapa do adulto mais velho.

8) Depoimento de Norival (masc./81, 1999)

Depoimento colhido por uma auxiliar de pesquisa, após uma única conversa instrução.

Relato

Pensando bem, quase posso afirmar que, na extensão da palavra, praticamente, não tenho religião. Criado e educado na religião católica, nunca pude me entrosar com ela ou com outra qualquer, sem, contudo, atinar com o motivo dessa apatia, que me acompanha desde a infância.
Tenho comigo um retrato da minha turma da Primeira Comunhão, no qual os demais contritos, de mãos postas, com a humildade que a ocasião requeria, foram retratados; eu, acintosamente, me mantive de braços cruzados, olhar desafiador, como se fosse o dono do mundo. Até hoje, quando revejo tal retrato, não consigo conceber reação tão arrogante e descabida, engendrada no cérebro de uma criança de apenas sete anos.

No entanto, no decorrer dos anos, que não são poucos, convivendo com pessoas de credos religiosos variados, jamais me passou pela mente o pensamento de desrespeito e menosprezo às suas crenças filosóficas.

Graças a Deus, mantenho minha crença própria, que se resume a partir de dois mandamentos da Igreja Católica: "Amar a Deus, incondicionalmente, acima de tudo e de todas as coisas, e ao próximo 'quase' como a mim mesmo". Vai aqui um ponto fraco, que também não sei explicar: não consigo conceber amar ao próximo como a mim mesmo, o que reservo aos grandes privilegiados.

Assim, vou vivendo sem queixas nem remorsos, usando o beneplácito de Deus, que nunca me desamparou, proporcionando-me, sempre, tudo o que ambicionei na vida: o essencial para viver modestamente, usufruindo, sofregamente, o Dom Divino que Deus dá aos homens, ou seja: uma família bem constituída, filhos amorosos, amigos numerosos e leais, saúde e integridade. Minha religião? A vida!

Análise compreensiva do depoimento de Norival

Norival, 81 anos, tem um depoimento aparentemente contraditório. "Praticamente não tenho religião... graças a Deus mantenho minha crença... usufruindo o Dom Divino".

No entanto, essa contradição pode não ser radical: "minha religião? A vida". Na verdade, há uma relativização da instituição religiosa sem eliminar a postura de veneração pelo objeto religioso. A vida é dom de Deus; a religião é a vida. Isso aponta para a penúltima etapa de nosso modelo (o adulto mais velho: 8ª etapa). A integração entre religião e vida é tal que esses dois âmbitos da experiência tendem a se fundir. E é interessante que nesse caso isso esteja acontecendo numa pessoa "sem religião", no sentido de rótulo externo.

O aspecto de descobrir a vida simplesmente, para além dos apoios externos (8ª etapa), nesse caso se verifica na expressão: "vou vivendo sem queixas nem remorsos". Quando ele se refere à "família bem constituída, filhos amorosos, amigos numerosos e leais, saúde e integridade", como sendo tudo o que ambicionou na vida, isso, na verdade, não parece ser *condição* de sua atitude sábia, pois ele se refere também a "usufruir o dom divino". Mas, no caso de Norival, essa concepção tem um sabor estoico, de aceitar a condição humana, já que não há outro remédio. E tirar dela o melhor proveito.

Talvez isso permita entender um pouco a atitude arrogante, de "olhar desafiador": no fundo ele não aceita o mundo como lhe foi apresentado. Há uma necessidade grande de se opor, uma necessidade de afirmação de autonomia ou independência que faz pensar em conflitos relacionados com a confiança básica (1ª etapa). O fato de ele não aceitar amar aos outros "como a si mesmo" (mas apenas *quase* como a si mesmo), também aponta na mesma direção de um egocentrismo decidido, que, no entanto, convive com um caráter familiar aparentemente muito afável. Deus pode estar acima de tudo e de todos e por isso é aceitável amá-lo incondicionalmente. Mas com os outros é diferente: aqui os seus interesses estão acima de qualquer coisa. Em caso de conflito, ele não vai ceder: o amor próprio prevalece. Isso pode ter marcado sua fé a ponto de ele se considerar uma pessoa "sem religião". E não sem razão, pois ela implica uma abertura que ele ainda não encontrou.

Passagem para o capítulo seguinte

Comentamos aqui alguns depoimentos integrais. Mas temos ainda uma tarefa longa que é ilustrar as etapas e aspectos do desenvolvimento religioso, utilizando para isso trechos de relatos diferentes. Colocamos essa outra tarefa no capítulo que se segue a este.

Capítulo 8
A RELIGIÃO NAS DIVERSAS FASES DA VIDA

Neste capítulo estão reunidos alguns trechos de depoimentos diversos que ilustram possíveis modos de ser da religião para cada uma das diferentes fases da vida. Utilizaremos aqui todos os relatos a que nos referimos até agora neste livro e também alguns outros, provenientes de uma coleta de histórias religiosas pessoais, realizada de uma só vez, por ocasião de um curso de Teologia para leigos, que aconteceu em 2006. Todos os que me entregaram seus depoimentos sabiam que se tratava de uma pesquisa que poderia ser publicada (sem a identificação de pessoas, lugares e instituições), e foi de livre vontade que o fizeram. Utilizarei a linguagem comum para diferenciar as idades ou as etapas da vida: bebê, criança, menino ou menina, adolescente, jovem adulto, adulto, meia-idade, idoso, e fim da vida. Todos os trechos que estiverem entre aspas neste capítulo foram tirados de depoimentos colhidos. As reticências indicam que naquele ponto houve uma parte do depoimento que não foi transcrita: esse é um procedimento que visa chamar atenção para o aspecto que se deseja realçar no relato.

MAURO M. AMATUZZI

Todos os nomes próprios citados aqui são fictícios; esse procedimento visa preservar a identidade da pessoa. Quando for o caso, após o nome será indicada a idade na época em que o depoimento foi fornecido.

1) A "religião" do bebê

É claro que não faz sentido falar da religião do bebê como ato interior, consciente e pessoalmente assumido. O bebê participa da religião da família, ou então, ao menos, da orientação geral de valores que, de uma forma ou outra, marca o modo de ser dos pais ou cuidadores.

As expressões com as quais começam muitos dos depoimentos mostram exatamente isso: uma consciência de ser parte. "Sou de uma família de 12 irmãos..."; "sou de família cristã...", "sou de família humilde [...] aprendi desde cedo a lutar com garra e esperança em Deus..."; "venho de uma família evangélica: pai, mãe, avós, tios, enfim, todos são evangélicos; meus irmãos também."; "minha família sempre foi bastante religiosa..."; "praticamente já nasci dentro da igreja...", "nasci dentro da religião católica."; "nasci... sendo espírita."; "sou pagã [...] minha mãe não é uma pessoa religiosa".

Podemos dizer, portanto, que a religião do bebê é a religião dos pais. É num berço espiritual, digamos assim, que o bebê é acolhido, alimentado, acariciado, pensado, educado, e é aí que ele inicia seu crescimento e a formação de sua consciência. Mas como é a religião dos pais?

Às vezes se vê uma tentativa de unificar o mundo religioso da família: "Nasci numa família na qual minha mãe é muito religiosa e meu pai não era religioso [...], mas era uma pessoa muito justa e bondosa". Esse *mas*, que busca a unidade para além das diferenças, aparece também nesse outro depoimento para definir o ramo religioso predominante que dá o tom ao todo: "Desde que nasci meus pais e meus avós paternos sempre foram (da religião X) [...]; meus avós maternos eram (da religião Y) [...], mas não tínhamos muito contato, pois moravam longe".

Por outro lado, pode haver um reconhecimento claro das divisões na tradição familiar quanto à classificação religiosa. "Fiz parte de uma família [...] parte espíritas e parte católicos [...] de origem predominantemente judia". Mais tarde, essa pessoa vai se encontrar numa espiritualidade que não é nenhuma dessas "religiões" citadas anteriormente.

Quando os pais são mais bem definidos religiosamente, o entrevistado também parece mais integrado em sua posição. Uma entrevistada (Mariana, citada no capítulo anterior) já idosa, proveniente de zona rural, disse: "Eu aprendi toda a minha religião [...] com meu avô [...]. Eu sempre o acompanhava e assim aprendi toda a religião [...]. Até hoje eu nunca mudei ou pensei em mudar [...]. Deus para mim é tudo [...] eu creio muito em Deus".

Outra entrevistada, com 40 anos de idade, lembra-se de seus pais católicos praticantes, e dos colégios em que estudou, e comenta: "O colégio das freiras (de uma determinada congregação) foi o que melhor colaborou com a educação religiosa, pois havia um cunho de prático em suas pregações. A discussão era incentivada, as opiniões diferentes também eram permitidas. Assim, pude ir construindo minha crença e também aplicando na vida prática o que aprendia em discussões [...]. Minha prática foi ficando cada vez mais calcada na descoberta da minha fé pessoal. [...] Meu caminho é melhorar nesse sentido e confiar mais na presença divina em minha vida".

Uma posição não bem definida por parte dos pais também tem uma influência na posição dos filhos. Um jovem universitário de 26 anos escreve: "Nasci em uma família de preceitos cristãos, mas sem o cotidiano dos ritos. Fui batizado, mas meus pais nunca se preocuparam em me propor a Primeira Comunhão. [...] Histórica e ideologicamente me posiciono contra a Igreja Católica e suas

MAURO M. AMATUZZI

crenças, não adotando como contraponto nenhuma outra religião. [...] Me sinto na posição de agnóstico, mas não ateu".

Os depoimentos mostram também como, mais tarde na vida, a pessoa pode ver com clareza incoerências na posição dos pais ou formadores, ou aspectos que ela já não pode aceitar. Isso aconteceu com Zezo (45), cuja história está no capítulo anterior (aquele praticante de Seicho-No-Ie). Uma jovem de 21 anos também reconhece incoerências na posição dos pais: [...] família católica [...] cidade pequena [...] as famílias têm um sobrenome e uma religião para serem reconhecidas na sociedade. [...] Sempre que havia uma missa muito importante era o meu pai o convidado para ajudar a celebração ser mais emocionante [...] Meu pai [...] diz que tem que aparecer. [...] Não paro pra ficar pensando se ainda sou católica ou não. Aparecida, com 66 anos, ainda se lembra de maneiras familiares que hoje ela repudia: "Como a maioria de minha geração, tive uma formação muito rígida. Estudei quase sempre em escola católica e sempre sob normas rígidas, tanto na família como no colégio: tudo era pecado, morria de medo de ir para o inferno; o Deus que me foi ensinado na infância era um Deus que me vigiava o tempo todo e castigava por tudo [...]. Só ia à missa, e me confessava sempre, provavelmente por medo de ir para o inferno".

Um outro aspecto a se considerar na idade do bebê é que ele, nesse início de vida, está construindo sua confiança básica. Pouco nos lembramos disso, mas é o primeiro dilema e a primeira conquista que é absolutamente básica na construção de toda a personalidade (ver capítulo 6). A vida psíquica repousa muito mais num pressuposto de confiança do que num pressuposto de conhecimento objetivo. A confiança básica é o solo sobre o qual pode ser construída depois uma adesão religiosa. Num certo sentido podemos dizer que uma verdadeira religião consiste em tirar da confiança originária suas consequências últimas. Mas também é preciso dizer que uma verdadeira conversão reconstrói a confiança básica, se ela foi deficiente.

Psicologia do
desenvolvimento religioso

Alguns depoimentos fazem pensar numa espécie de dificuldade radical de confiar que se prenderia à primeira fase de vida. Norival, com 81 anos, já citado no capítulo anterior, parece ter uma dificuldade de se abrir irrestritamente para o não eu. Seleciono algumas poucas frases dele: "Praticamente, não tenho religião". Referindo-se a si mesmo numa foto antiga, por ocasião de um rito religioso, ele escreve: "braços cruzados, olhar desafiador, como se fosse o dono do mundo". E depois acrescenta: "Minha crença (consiste em) 'Amar a Deus [...] e ao próximo (quase) como a mim mesmo' [...]. Não consigo conceber amar ao próximo como a mim mesmo". Zélia, com 48 anos na época de seu depoimento, também citada no capítulo anterior, hesita muito e parece não ter encontrado um caminho que ela possa percorrer em paz. Quando criança ela era obrigada a participar dos ritos religiosos. Seleciono frases aparentemente contraditórias: "Penso que a religião é um flagelo e o ser humano enlouquece com a possibilidade de Deus. [...] Tudo o que vemos são decepções e frustrações. [...] [Meu] momento [...] [é] de um pouco de ceticismo, [...] [mas] sempre tive facilidade de acreditar em Deus [...], refúgio nos momentos ruins [...] um Ser Supremo que [...] nos ama e nos protege. [...] Mas [...] por que não se apresenta? [...] Essas perguntas [...] nos "enlouquecem" um pouco. [...] Crer, simplesmente, [...] é tão difícil perdoar... O mais fácil é odiar e tramar vinganças [...] Temos que viver essa fé...". Outros relatos, como alguns já citados aqui, mostram uma atitude mais confiante diante do mundo.

Desde o início do desenvolvimento religioso, dentro da moldura de possibilidades que a constituição física permite, o ambiente espiritual em que o bebê é recebido e suas primeiras experiências de confiar vão se entrelaçando. Podemos descrever como isso vai se dando. Podemos perceber, por exemplo, como esse entrelaçamento depende muito do ambiente afetivo que reina entre mãe e bebê: sentindo-se seguro, ele vai confiar mais. Mas também vemos exceções: pessoas que "adoecem" mesmo tendo um ambiente suficientemente bom, ou pessoas que permanecem psicologicamente sadias num ambiente extremamente hostil. Podemos ainda supor que exista uma tendência inata em cada ser humano de ir construindo esse tecido entrelaçado. Mas por que isso acontece, ou seja, de onde vem essa criatividade, não sabemos. Apenas constatamos. É como diz Merleau-Ponty a propósito do ato originário da fala: há aí um mistério, uma lei desconhecida.

2) A religião da criança

A partir dos 2 anos, mais ou menos, já começa a existir uma apropriação mais pessoal de significados. Isso já é possível após a primeira constituição de um eu, e corresponde à aquisição da linguagem que representa um certo afastamento do mundo e uma reconstrução interna dele. Ao mesmo tempo em que a criança vai aprendendo a nomear o mundo e a interagir com ele, ela já pode formar imagens sintéticas referentes aos significados mais abrangentes. Não são palavras ainda, mas imagens concretas que são como que portadoras desses significados. No campo religioso o que resume o mundo sagrado são coisas como um santinho, uma fita, uma medalhinha, um oratório doméstico, um quadro na parede em lugar de destaque, um livro venerado etc. Objetos como esses passam a expressar, sem muitas explicações, sua relação vivenciada com os significados últimos. É a religião infantil dos objetos concretos, simbólicos do mundo sagrado. Não há propriamente um discurso ou um entendimento discursivo, mas uma vivência concreta em torno desses objetos: eles evocam um sentimento. Eis algumas lembranças de uma senhora de 48 anos: "As vivências mais importantes que tive durante minha infância giraram em torno da figura de minha avó e de alguns santos de sua devoção. As lembranças que tenho deste período envolvem o uso de medalhinhas de Santa Clara, o ouvir histórias sobre Santo Antônio e a cruz de São Camilo que eu usava presa por um alfinete junto às minhas roupas". E também de outra mulher, com a mesma idade: "As primeiras orações [eu] aprendi com minha mãe e minha avó, que rezava terço todas as noites; me lembro que minha avó tinha muitas imagens de santos e era devota de Nossa Senhora Aparecida, não perdia orações no rádio". Blenson, de 47 anos, citado no capítulo anterior, parece ter, ainda na idade adulta, um estilo de religiosidade presa a objetos concretos.

O conteúdo dessa vivência, Deus ou o que quer que esteja em seu lugar, é vivido pela criança como uma realidade externa e tendo poder absoluto sobre ela. Esse sentimento se faz representar depois, mesmo quando recusado. É o caso de Mozart, um músico que, aos 26 anos, sente que não pode mais aceitar essa espécie de poder absoluto, externo, que o deixa passivo: "Quando eu vejo desgraças humanas absolutas tendo causas naturais, mecânicas ou até mesmo humanas, eu veementemente duvido da existência de um Deus, já que acontecem essas coisas com inocentes e muitas vezes há muita oração e pedidos realmente sinceros e apaixonados para Deus. Ou Ele não quis ou não existe". O conceito de Deus aí implicado é o da criança: algo que se impõe e diante do qual não há nada que possamos fazer. Uma imagem associada a um destino inexorável, e muitas vezes absurdo, diante do qual somos totalmente passivos.

Quando as questões de sentido ou de significado último não são importantes para os pais, ou quando eles têm posturas hesitantes em relação a essas inquietações, os objetos que condensam e representam esse âmbito de significados terão para a criança uma função ambígua. Simbolizam algo, mas dissociado da vida. Tornam presente uma crença, mas não uma fé. Outros objetos podem se somar a esses, como portadores de significados particulares, expressando dedicações mais reais dos pais: um time de futebol, uma televisão, um computador, uma caixa de ferramentas, um uniforme, uma arma. Objetos assim passam a significar aquilo que está fora de qualquer questionamento, uma espécie de sagrado às avessas. Prepara-se aqui um tipo meio grotesco de religião: por um lado, símbolos que não sintetizam uma dedicação real, mas apenas crenças mais ou menos abstratas sobre um mundo etéreo, e, por outro lado, objetos representativos de uma dedicação real, só que particular, setorizada, embora com investimento grande (religioso) de energias. Teríamos, então, por um lado, uma religião de falsos símbolos, falsos porque não tornam presente uma vida, e, por outro lado, uma espécie de "quase-religião" girando em torno de preferências ou conceitos mais ou menos intocáveis (sagrados), embora não tenham nenhuma relação com sentidos transcendentes. E essas duas possibilidades podem evidentemente coexistir na mesma pessoa.

O livro e a fita de sua infância de que se lembra Zezo (45 anos), já citado no capítulo anterior, depois de suas decepções com a Igreja Católica, tornaram-se símbolos de alguma coisa que não era mais vida para ele: "[O] que recordo muito fortemente daquela época são o livro e a fita que recebi para estudos e posterior uso aos domingos, nas missas, para que fosse distinguido visualmente daqueles que ainda não tinham feito a Primeira Comunhão. Isso desde sempre foi para mim uma forma de individualizar-me dos demais e para os padres, uma maneira que a Igreja tinha ou tem para controle. [...] (Eu) frequentava uma religião que de uma certa forma vinha me dando informações distorcidas às pregadas por Jesus". Um professor de 34 anos usa a expressão "respeito a crença", ilustrando uma religiosidade infantil apoiada na autoridade, da qual restou depois somente um conjunto de crenças mais ou menos desvinculadas da vida.

Se considerarmos a importância da confiança básica como motor de todo o processo, um enfraquecimento dela corresponderá a um enfraquecimento da força do símbolo: esse tenderá a ser somente um sinal demonstrativo, mas não mais alguma coisa presentificadora de vida. Não acontecendo um resgate posterior da confiança básica (por uma conversão autêntica), só poderíamos falar de uma religião aparente em que os símbolos deixam de ter toda sua força. Pode contribuir para essa religião extrínseca um uso banal da fala no seio da família. Se os pais se distanciaram muito da verdade do falar, e predomina na família um discurso convencional ou apenas pragmático, a criança fica sem um modelo de fala autêntica e verdadeiramente expressiva. É isso que leva à existência de símbolos sem vida.

3) A religião do menino ou menina

Essa fase vai da idade da razão (por volta dos 7 anos) até o começo da adolescência. Há uma evolução já possível aqui na forma como o menino ou menina pode se apropriar dos significados religiosos. A diferença em relação à criança é que aqui as narrativas familiares passam a adquirir agora uma significação especial: histórias que revelam a tradição da família, e também as que se referem à tradição religiosa da família. As significações religiosas são apropriadas, então, principalmente pela via das histórias. A religião dos objetos simbólicos vai dando lugar ou se misturando com a religião das histórias. Tanto no âmbito familiar como no da comunidade em seus diversos círculos de abrangência, são as histórias que vão dando um senso de pertencimento: são "minhas" histórias, de alguma maneira. Isso corresponde também a um desenvolvimento intelectual em relação ao que era possível na etapa anterior.

No que diz respeito às relações com Deus, em lugar da passividade absoluta, já surge aqui uma possibilidade de "negociação". Através de preces, ritos, sacrifícios, rituais, atos de obediência, a pessoa sente que pode ter alguma influência na vontade divina. Os ritos religiosos (que se constituem de atos que se desenrolam no tempo, e não de objetos que são dados de uma vez) já podem, então, ter algum sentido.

Um homem com mais de 60 anos se lembra de quando, ainda menino, "estava de cama com gripe [...] sozinho no quarto. Começou a chover forte. Tive medo. Peguei um livrinho de orações e li. [...] Quando terminou (a leitura) a chuva havia passado. Aquilo para mim foi como se Deus tivesse atendido uma prece minha". Podemos pensar que essa forma de religiosidade é chamada a evoluir para uma relação mais consciente e informada com Deus, o âmago da realidade e a flecha da evolução, e, caso isso não aconteça, pode permanecer uma religiosidade vaga, de não compromisso, mas cheia de superstições.

4) A religião do adolescente

O grande desafio da situação psicológica do adolescente será o de encontrar uma identidade pessoal que venha de dentro dele mesmo, e não que seja definida previamente a partir de fora. Isso se fará no mais das vezes por oposição a essas fontes externas de identidade, principalmente à família, e por ensaios de papel junto a grupos de escolha pessoal. Isso pode tornar a posição religiosa do adolescente bastante tumultuada. Nos casos mais pacíficos os ensaios de papel e as escolhas de grupos de convivência se dão em continuidade com as vivências familiares, se bem que, de certa forma, também como algo um tanto diferente. Essas necessidades de autodefinição são tão imperiosas para os adolescentes que as questões religiosas em si mesmas podem até se tornar secundárias.

Um jovem adulto, de 26 anos, que na sua adolescência chegou a ser um líder de grupos de jovens na igreja que frequentava, tornou-se um cético e tomou consciência de que seu envolvimento na época era mais social do que religioso. Ele afirma que "não era um católico fervoroso. Seria hipocrisia afirmar que a religião me fez assumir a participação em até três grupos religiosos. Eram as amizades, as pessoas que

Psicologia do desenvolvimento religioso

conhecia. Assumo que o cristianismo foi uma ferramenta para minha sociabilidade".

Assim como é comum que adolescentes criem um linguajar próprio e diferente do modo de falar dos pais, numa tentativa de marcar sua diferença, assim também eles podem criar uma "religião" própria, no sentido de uma prática religiosa que se diferencie daquela dos pais, e se assemelhe à prática do grupo de escolha. Há uma necessidade de se diferenciar e se ela não for vivida poderá até provocar posteriores dificuldades psicológicas. Por causa dessa pressão, muitas vezes os motivos alegados para um rompimento com a prática dos pais podem ser pretextos: o que está em jogo é a procura de um caminho próprio. Aquela senhora de 66 anos, já citada, lembra-se que, na época da juventude, não podendo mais aceitar a excessiva rigidez de sua educação religiosa, abandonou a Igreja. Só alguns anos depois é que ela veio a descobrir sob nova luz a comunidade religiosa.

Uma jovem de 21 anos, universitária, que na época da entrevista começava a se questionar sobre um sentido maior para todas as coisas, recorda-se da sua oposição adolescente à religião dos pais. Referindo-se à prática da abstinência de carne e do jejum por ocasião da Semana Santa, ela escreve: "Bebi e comi, não fiz nada do que manda o figurino, eu e minha turma; mas em casa manteve-se o cardápio e com a justificativa na ponta da língua. Não fiquei me perguntando se teria ou não castigo caso eu viesse a comer e beber. [...] Comecei a não sentir necessidade dos ritos da Igreja Católica [...] achava tudo uma bobagem [...] o meu tempo não era para acordar cedo e ir à missa".

Mesmo quando a transição da adolescência é pacífica no que diz respeito ao aspecto religioso, trata-se de uma época de questionamentos de tudo o que foi recebido. Mas esse questionamento pode ser vivido mais pelo seu lado positivo de novas aquisições ou novos sentidos. É o que nos conta uma mulher de 48 anos:

"Depois de algum tempo [na zona rural] fomos para a cidade; lá passei a participar das celebrações com mais frequência, fiz a preparação para a crisma e assim fui entendendo melhor o sentido dos acontecimentos religiosos. [...] Depois mudei para [uma cidade grande]; participava do grupo de jovens do bairro". No mesmo sentido podemos retomar o trecho de depoimento citado (quando falávamos da *religião* do bebê e de seus pais); trata-se de uma mulher de 40 anos: "O colégio das freiras (de tal congregação) foi o que melhor colaborou com a educação religiosa, pois havia um cunho de prático em suas pregações. A discussão era incentivada, as opiniões diferentes também eram permitidas. Assim, pude ir construindo minha crença e também aplicando na vida prática o que aprendia em discussões ligadas à teoria e à prática".

Um outro aspecto que é preciso levar em conta na religiosidade do adolescente é que ele está nessa etapa de vida exercitando seu aparelho de pensamento. O adolescente está deixando para trás o pensamento concreto, mas ainda não sabe bem como usar realisticamente sua nova habilidade de pensar em abstrato. Isso faz com que o seu entusiasmo pelas questões gerais e abstratas (Deus existe? Qual o sentido da vida? Como se promove uma mudança social?) não se aplique às suas questões pessoais sentidas como muito difíceis (Como posso lidar com minha sexualidade, com meu corpo que apresenta todas essas novidades? Como posso me aproximar das garotas ou dos meninos? Por que detesto estudar? etc.). Há uma separação entre as questões pessoais e as questões filosóficas ou religiosas. Muitas vezes é com alegria e tranquilidade que se entregam aos debates *filosóficos*, mas, por outro lado, é com muita dificuldade que falam de si. As questões filosóficas ou religiosas são sentidas, ainda em grande parte, como questões que se referem a realidades externas, que não têm muita relação com sua vida concreta. Assim como o adolescente ensaia, mas sem levar muito a sério, diferentes modos de ser, assim também ele pode

ensaiar diferentes modos religiosos, mas sem levar nenhum deles muito a sério. Essa seriedade será característica da etapa de vida que se segue à adolescência.

5) A religião do jovem adulto

Quando a pessoa se desenvolveu razoavelmente bem até aqui, ela passa a sentir muito fortemente um desejo de maior intimidade, de uma comunicação mais profunda, fundamentada tanto em conhecimentos como em experiências vivenciadas. No plano amoroso, experiências passageiras já não bastam, há um apelo de cumplicidade, de engajamento, de escolha. No plano da visão de mundo ou da filosofia de vida, ter informações sobre o que os outros pensaram já não é mais suficiente: busca-se uma tomada de posição instruída e envolvida pessoalmente. Assim, também no plano dos sentidos de vida, das relações com o último, da religião, as hesitações e ensaios da adolescência já não satisfazem e anseia-se por uma tomada de posição refletida e assumida, com conhecimento de causa e intimidade experiencial. Certamente não é uma conquista fácil ou simples, e as alternativas são:

1) avançar nessa busca e definição (e é para essa direção que a confiança básica nessa etapa tende a puxar a pessoa);

2) abandonar qualquer referencial religioso substituindo-o por algo diferente, não religioso (mas que recebe um investimento semelhante de energias pessoais);

3) permanecer estacionado em posições que agora serão apenas superficiais ou convencionais (sem intimidade, compromisso ou envolvimento maior).

Quando os caminhos escolhidos são mais favoráveis ao desenvolvimento, há uma aproximação psicológica entre questões de sentido e a vida concreta da pessoa, ao contrário do que acontecia na adolescência; quer dizer, as questões de sentido deixam de ser abstratas e levam a posicionamentos concretos.

Um adulto, de 33 anos, conta como atualmente pode entender o que era aquilo de que sentia falta quando era jovem. Sentia falta, diz ele, "de conhecer a fundo minha religião [...] [de ter uma] nova experiência; [...] acredito que era isso o que me faltava, pois [antes] era tudo feito mecanicamente e acabava não tendo o encontro com Deus. [...] Como tenho esse encontro diariamente, a cada momento sei o que quero". Um homem solteiro, de 39 anos, lembrando de sua juventude, escreve: "Nunca me propus a seguir uma determinada crença nem fui obrigado a isso. Mas houve um tempo em que eu era considerado religioso pelos amigos, porque me preocupava a busca de uma Verdade. Mais do que isso, fazia pesquisa intuitiva de um sentido para a vida, que não estava escrito nem formulado. [...] [Essa prática à qual] ultimamente tenho me dedicado [...] se fundamenta na amizade e na busca contínua do que é melhor e mais verdadeiro. Tem sido uma experiência muito interessante. Para mim é como reviver [...]. Coisas de Deus? Acho que é a única certeza que me resta. Uma mulher de 48 anos, já citada, recorda como seu retorno à comunidade religiosa católica, no começo da vida adulta, deveu-se a uma necessidade sentida: "Casei-me e com os filhos pequenos, me afastei um pouco da Igreja, mas assim que pude, voltei. Sentia muita falta, um vazio dentro de mim, sem poder participar das celebrações e poder servir a Deus e ao próximo". Zezo, como vimos no capítulo anterior, encontrou um sentido de vida na Seicho-no-Ie. Seu depoimento também ilustra esse aspecto experiencial da religião nessa etapa de vida do jovem adulto. Ele escreve: "O que eu vi e senti naquele momento era que tudo o que aquele senhor falava em japonês, eu já sabia o que era, sem nunca ter falado ou aprendido aquela língua [...]. Comecei a frequentar essa filosofia de vida [...] na época tinha 30 anos [...]". [Encontrei nesse ensinamento] um orientador para o que viria a ser minha vida". Euler, cujo depoimento integral está também no capítulo anterior, depois de relatar o questionamento que fez aos conceitos religiosos recebidos, ele escreve: "comecei a conciliar duas coisas inconciliáveis a meu ver, que são a fé e a razão. [...] Minha opção foi pela segunda. Eu já não conseguia acreditar em Adão e Eva, sabendo que o homem descende do macaco; viver uma vida sem pecados ou arrependendo-se, soava como 'continue obedecendo o papai e a mamãe' ". Por essa época interessou-se "por arqueologia, história, futuramente parapsicologia e ufologia. Na verdade, eu estava à procura de uma verdade em que acreditar [...]. Minha experiência religiosa está intimamente ligada à razão; de certa forma, ainda é preciso eu 'ver para crer' [...] meu crer em Deus está ligado à noção de infinito, de causa última, de sopro da vida, noções que eu sei que são religiosas, mas chego a elas pela razão". Aquela mulher de 40 anos de que já falamos, relembrando seu tempo de juventude na escola, conta seu percurso em termos de descobertas pessoais, escreve: "A discussão era incentivada, as opiniões diferentes também eram permitidas. Assim, pude ir construindo minha crença e também aplicando à vida prática o que aprendia em discussões [...]. Após o casamento, minha prática foi ficando cada vez mais calcada na descoberta de minha fé pessoal".

Nesses depoimentos sobressai o caráter experiencial e não apenas doutrinário, por um lado, mas também, por outro, a necessidade de uma fundamentação racional na tomada de posição religiosa (ou "quase-religiosa") do jovem adulto.

6) A religião do adulto

Após a tomada de posição diante do sentido último ou da realidade última, própria da fase do jovem adulto, podemos ver uma espécie de transbordamento da posição tomada, num movimento de expansão no meio externo. Essa nova fase se caracteriza pela fecundidade (algo novo nasce) ou expansão no meio (comunicação). Inicialmente existe um anseio nessa direção, e uma frustração disso pode ser sentida como esterilidade lamentável. A intimidade anterior, sem acabar, passa a ser vivida como generatividade e como zelo.

No plano religioso, o dilema está entre uma religião que se expande no meio, comunicando-se, ou uma religião fechada em si mesma, estéril, sem frutos. E o mesmo acontece quando a pessoa já não é *religiosa*: aquele sentido de vida que foi assumido tende a se comunicar através das ações, ou fica socialmente improdutivo restringindo-se a uma perspectiva individualista fechada.

A permanência em uma esterilidade pode ser compreendida pela sua relação com deficiências em experiências anteriores. Uma possibilidade é de que a pessoa, não tendo ainda encontrado um rumo de vida que a envolva por inteiro, acabe adotando uma doutrina que a tranquilize até certo ponto, mas não o suficiente para mobilizá-la em seu ser social. Ela se torna, então, um consumidor desse tipo de produto, e não um agente cultural. É sempre bom lembrar, no entanto, que podem ocorrer, a qualquer momento, experiências suficientemente fortes para resgatar a pessoa das deficiências que deixaram aquele vazio só reconhecido depois. Alguns depoimentos deixam entrever essa expansão de que falamos. Aquela mulher de 48 anos, depois de relatar como foi "entendendo melhor o sentido dos acontecimentos religiosos", conta como está vivenciando essa expansão: "Hoje sou catequista e participo da equipe de Liturgia. [...] Também sou ministra da Eucaristia. Sinto-me muito grata em poder doar um pouco de mim para servir a Deus e ao próximo, procurando evangelizar na força do espírito". Zezo, com 45 anos, também mostra essa expansão quando fala de gratidão aos outros e de manifestação de amor: "Hoje [...] tenho para mim que o Movimento de Iluminação da Humanidade do qual faço parte (Seicho-no-Ie) tem como norma fundamental a prática do sentimento de gratidão e a manifestação de amor em todos os atos". Outros trechos de depoimento, alguns já citados, mostram também aspectos da expansão dessa etapa. Vejamos alguns: "Trabalhei ativamente e com convicção em práticas de evangelização (homem de 62 anos)". "Fiquei dez anos realizando um trabalho voltado especificamente para a população carente [...]. Não medito só para 'dentro', medito também, e muito, por causa do que está fora (mulher de 51 anos)". Aquela senhora de 74 anos mantém unidas a dimensão pessoal e a dimensão social de sua vida religiosa: "Eu rezo muito [...], faço grupo de terço, tem um outro grupo de reza para Nossa Senhora Aparecida [...]. Quando tem alguém doente eu sempre rezo muito, peço e recebo muitas graças".

Alguns depoimentos mostram, por outro lado, como essa fecundidade que produz frutos no meio e que acontece em alguns setores da vida, pode não estar acontecendo na vivência religiosa. Um professor, de 34 anos, muito ativo em sua profissão, não faz nenhuma relação dessa atividade com sua religiosidade; ele diz simplesmente: "Quando o sono bate e o carro vai saindo da pista, tenho a sensação de que Ele (Deus) segura o volante e 'puxa' o carro de volta. Hoje minha fé é mais ou menos isso".

7) A religião da meia-idade

Depois dessa fase de expansão e fecundidade, costuma ocorrer o que muitos chamam de segunda adolescência. O cansaço das rotinas se manifesta como desejo de algo novo. As justificativas para a dedicação da fase anterior já não bastam e a pessoa busca um sentimento de satisfação, algo que faça sentido pessoalmente.

No plano propriamente religioso teremos, então, a religião do sentido pessoal, na qual os aspectos externos e institucionais passam a ser menos importantes. Não havendo esse reencontro pessoal, que de certa forma resgata aspectos da fase da intimidade, resta apenas uma religião conceitual, rotineira, mais ou menos rígida e experiencialmente vazia, pois se prende aos aspectos externos.

No caso de a religião já ter sido deixada de lado e o sentido de vida aparecer como "quase-religião", a mesma oposição pode acontecer. Tomemos o exemplo de um partido político que passa a receber um investimento maciço de energias quando para ele converge todo o sentido de vida de uma pessoa. O partido, como instituição, para essa pessoa nessa fase, é relativizado ou mesmo abandonado, ou então, para não correr esse risco, ele é enrijecido, passando a se constituir como uma espécie de armadura psíquica para a pessoa.

Essa relativização dos aspectos externos da religião fica muito clara num trecho de depoimento de uma mulher de 51 anos, já citada aqui: "As minhas atuais posições no campo religioso caminham muito em direção a uma postura mais aberta, menos ritualista, e mais vivencial... Incomodam-me muito os comportamentos marcados pela radicalização e fechamento de ideias, principalmente no campo religioso. Outra mulher, de 48 anos, referindo-se à última mudança em sua vida, escreveu que agora sente "o desejo de fazer as coisas menos 'automaticamente'. E isso significava para ela a "tentativa de ir mais fundo [...] [de] entender melhor [...] o sentido".

8) A religião do idoso

Mais para frente, até mesmo o sentido pessoal vai se relativizando. O desafio agora é a libertação dos apegos, o encontro com uma forma de vitalidade mais espiritual, digamos. Com o aumento das limitações decorrentes do enfraquecimento das capacidades ou mesmo de doenças, podem surgir os apegos. Mas o encontro com a vida não está no reforçamento dos apegos, e sim justamente na sua superação. É o que pode levar a um senso de libertação que faz a pessoa descer mais fundo ainda, dentro de si mesma. Descobrir e vivenciar um novo senso de vitalidade é uma expressão que pode servir para descrever essa fase. Trata-se de encontrar vida além de todos os apoios; encontrar vida no que acontece, no que se passa, momento a momento, apenas vislumbrando na penumbra um sentido maior, na esperança de quem se sabe agora dependente de um poder maior. Pelo lado mais desenvolvido, é uma religião de vida, em que as instituições e aspectos externos se relativizam ainda mais. O ser religioso e o viver são quase a mesma coisa; estar religado é o que sustenta e dá sentido ao viver. Pelo lado menos desenvolvido, acentua-se a religião presa a esquemas, rígida, como uma proteção contra os medos. De um lado, o reconhecimento de que as instituições, mesmo sendo importantes, não são a base da experiência religiosa, e, de outro lado, a rigidez institucional quase bloqueando qualquer tipo de experiência mais profunda.

Para Mariana, aquela mulher de 74 anos, já citada aqui várias vezes e cujo depoimento integral está no capítulo anterior, deixa claro que ela mesma já não é o mais importante: "Deus para mim é tudo, já recebi muitas graças, creio muito em Deus. [...] Eu acho que a religião está acima de tudo porque uma pessoa sem religião não é nada." Por outro lado, Norival, com seus 81 anos, praticamente sem religião, declara: "Minha religião? A vida!" Mesmo não reconhecendo no plano conceitual a religião, ele sente vivencialmente uma relação com o mistério.

Aqui também poderíamos lembrar de Martin Buber (1991, p. 43), no trecho citado no capítulo 4:

> *Desde então eu abandonei aquele "religioso" que não é nada mais que exceção, retirada, saída, êxtase; ou ele me abandonou. Eu não possuo nada além do cotidiano, do qual nunca sou retirado. O mistério não se abre mais, ele se subtraiu ou fixou domicílio aqui, onde tudo acontece como aconteceu. Eu não conheço mais nenhuma plenitude além daquela de cada hora mortal, de exigência e responsabilidade.*

Longe de estar à altura dela, eu sei, porém, que sou solicitado pela exigência e posso responder à responsabilidade, e sei quem fala e quem exige resposta. Muito mais eu não sei. Se isso é religião, então, ela é simplesmente tudo, o simples todo vivido na sua possibilidade de diálogo.

Lídia, aquela senhora de 60 anos citada no capítulo 5, também descobre vida em meio aos sofrimentos de sua doença grave: "[...] descobri uma coisa maravilhosa! Quantos amigos eu tenho. [...] Nada de mau neste mundo é tão mau. Ele tem um lado bom. E com essa doença minha descobri o que esse povo fez para mim. Carregaram-me no colo até que eu pudesse ficar de pé."

9) A religião na eminência da morte

Com a proximidade da morte, a pessoa vivencia momentos especiais acerca do significado da vida. A pesquisa dos que sentem as pessoas em estado terminal o mostra cada vez mais. Como pessoalmente não entrevistei pessoas nessa situação, temos que recorrer aqui a depoimentos tornados públicos. É o caso de Morrie Schwartz, alguém que passou grande parte de sua vida como um dedicado professor, muito estimado pelos que foram seus alunos. Mitch Albom, um jornalista, estava entre esses ex-alunos. Quando ficou sabendo da doença degenerativa incurável que certamente levaria o professor à morte, com sentimentos de gratidão foi visitá-lo em sua casa. Daí nasceu o belíssimo livro *A última grande lição – o sentido da vida*. O trecho que se segue foi tirado deste livro de Albom (1998, p. 84) sobre Schwartz. Aí se fala de como o velho professor

extraía ensinamentos de todas as religiões. Nasceu judeu, mas se tornou agnóstico na adolescência, em parte por causa de tudo o que lhe acontecera quando criança [perda de sua mãe, doença

> grave de seu irmão; a família chegou a passar necessidade]. Apreciava alguns ensinamentos do budismo e do cristianismo, e culturalmente ainda se sentia à vontade no judaísmo. Era simplório em matéria de religião, o que fez dele um espírito ainda mais aberto para todos os alunos que teve. E o que dizia nos derradeiros meses de sua vida na Terra transcendia as diversidades religiosas. A morte consegue fazer isso.

Essa transcendência em relação à diversidade religiosa tem a ver com a relativização dos aspectos institucionais, externos, culturais da religião. Mas, por outro lado, indica uma concentração no essencial.

Estando já muito mal, pouco antes de morrer, Morrie Schwartz conta uma história a Mitch Albom (1998, p. 172), que ele transmite assim:

> É a história de uma ondazinha saltitando no oceano, divertindo-se a valer [...] até que dá com outras ondas na frente, arrebentando-se na praia. / "Meu Deus, que coisa horrível! [...] É isso o que vai acontecer comigo!" Aí chega outra onda. Vê a primeira, que está triste, e pergunta: "Por que está triste?" / "Você não está entendendo", diz a primeira onda. "Vamos todas arrebentar! [...] Acabar em nada! Não é horrível?" / Responde a segunda onda: "Não, você é que não está entendendo. Você não é uma onda, você é parte do oceano." / [...] Parte do oceano – diz. Parte do oceano. / Fico olhando a respiração dele, inspirando, expirando, inspirando, expirando.

É como se Albom visse a pulsação do oceano no velho professor. E era sobre isso mesmo que ele estava lhe contando. Mesmo sendo um agnóstico no plano conceitual, Schwartz tem uma percepção muito nítida de significados que, nós aqui neste livro, estamos chamando de religiosos: uma religação com a fonte de onde decorre todo um sentido.

As mais abrangentes percepções da vida e seus significados se fazem presentes nessa situação especial de eminência de morte. O grande desafio aqui parece ser o de, indo além do eu empírico, aceitar a autodissolução e entregar-se em paz.

Há aqui, ao menos implicitamente, uma abertura para o totalmente outro, no seio do qual tomamos consistência. A entrega é absoluta. Nada de nós resta nesse gesto. Pelo lado positivo, esse é o supremo ato de fé, a consumação última da confiança básica que nos acompanha desde criancinhas e vai se conhecendo a si mesma cada vez mais através da vida.

CONSIDERAÇÕES FINAIS

No capítulo 6 deste livro busquei formular uma hipótese psicológica sobre o desenvolvimento religioso. Baseando-me no que fazia mais sentido para mim de todas as leituras feitas sobre o desenvolvimento, pude descrever nove etapas do desenvolvimento religioso. No capítulo 7, examinei algumas histórias religiosas colhidas por mim ou por meus colaboradores, à luz daquela hipótese. Agora, neste capítulo 8, busquei numa coleção de depoimentos os trechos que poderiam ilustrar as vivências religiosas de cada uma das etapas. O modelo de desenvolvimento religioso mostrou-se útil tanto para uma compreensão mais aprofundada de depoimentos integrais, quanto na busca de trechos ilustrativos de vivências religiosas nas diversas etapas da vida, permitindo comparações entre as etapas e ao mesmo tempo uma compreensão maior da própria vivência religiosa.

Neste capítulo pudemos considerar uma diversidade de posições religiosas para cada etapa. Em cada idade pudemos vislumbrar duas possibilidades extremas: uma para o lado positivo, correspondendo a um amadurecimento da vivência

religiosa acompanhando o desenvolvimento integral da pessoa conforme ela vai enfrentando os novos desafios de vida que lhe são colocados; e outra, para o lado negativo, configurando-se em uma vivência religiosa imatura e mais ou menos defensiva ou protetora de um eu espiritualmente preguiçoso, digamos assim. Isso significa que se pode falar de amadurecimento religioso na medida em que essa vivência se integra de forma harmoniosa com os outros aspectos do desenvolvimento da pessoa, permitindo-lhe enfrentar de forma criativa seus novos desafios.

De maneira geral, poderíamos resumir isso da seguinte forma: A religião do bebê é a religião dos pais, possuída não conscientemente, mas como ambiente no qual ele respira, cresce e vai formando seus significados. Num extremo podemos ter uma religião dos pais bem definida e amadurecida, e, no outro, o contrário disso, ou seja, uma religiosidade hesitante, mal definida ou até mesmo inexistente. Nesse caso, poderão surgir as "quase-religiões", isto é, sistemas de sentido que recebem investimento maciço de energias, mas que não têm relação explícita com nenhum polo transcendente.

A religião da criança vai se caracterizar pela forma de apropriação dos significados religiosos ou "quase-religiosos" da família. Esses significados são possuídos em bloco, condensados em objetos concretos. Esses objetos carregam uma força simbólica decorrente do que é vivido pelos pais: poderão ser portadores então, de um significado religioso forte e significativo, ou de um significado religioso débil ou duvidoso.

Com a religião do menino ou da menina, acrescentam-se aos objetos simbólicos que condensam os significados religiosos, as histórias contadas em família, através das quais vai se formando uma identidade. A tradição que perpassa essas histórias fornece um senso de enraizamento ou de pertencimento. Na ausência de histórias, esse senso fica enfraquecido. Isso vale também para o âmbito religioso da experiência: o menino ou a menina, implicitamente e graças às histórias contadas em família, se identifica com uma tradição religiosa viva, ou então, por falta de vida nessa tradição, não relaciona sua identidade com ela.

Na adolescência, o que era dado pronto passa a ser quase rejeitado em bloco diante da necessidade de construir uma identidade pessoal a partir de si e não a partir de fora. Tempo de turbulências também religiosas, mas simultaneamente tempo de ensaios, de tentativas e novas experiências. Prepara-se a tomada de posição do jovem adulto. É comum haver um abandono da religião externa na adolescência. Mas também pode ser um tempo de espera ou mesmo de ensaios dentro da própria tradição religiosa da família, mas num estilo um tanto diferente.

A necessidade religiosa do jovem adulto não se sustenta mais com uma religião convencional, meramente externa. Ou há um aprofundamento crítico e uma experiência pessoal, levando a uma tomada de posição, ou fica-se com uma posição religiosa que não mais corresponde às exigências da idade, portanto, imatura. É nessa idade que se assume conscientemente a tradição religiosa da família, por ver nela um sentido, ou que se procura outros referenciais que possam fazer mais sentido. Ou, então, sem enfrentar esse desafio, a pessoa permanece, sem questionar, numa crença e prática religiosa que era adequada somente a estágios anteriores de desenvolvimento.

O adulto que respondeu aos desafios da etapa do jovem, vivencia agora, do ponto de vista religioso (tanto quanto em outros âmbitos da vida), uma necessidade de expansão de suas convicções no meio: é a época da fecundidade transbordando em educação ou qualquer outra forma de comunicação, proposição ou colaboração. A religião do adulto imprime sua marca em suas atividades externas. Quando deixa de fazer isso, a pessoa já ficou para trás nessa linha de desenvolvimento.

Psicologia do desenvolvimento religioso

O adulto mais maduro, cansado das rotinas, busca atividades e envolvimentos que façam sentido pessoal para ele. Paralelamente a isso começam a se relativizar (não necessariamente negar) os aspectos externos ou institucionais da religião, ou da "quase-religião". Não passar por essa segunda adolescência é ficar preso aos aspectos externos e convencionais dos sistemas de sentido e frustrar uma vivência mais pessoal.

O idoso, como vivencia perdas e as compensa com novos apegos, parece estar chamado a vivenciar a vida para além dos apoios materiais que já começam a faltar. A vivência religiosa aqui, vivida nessa plenitude, dá um senso de libertação e de olhar compreensivo e tolerante para as diversas situações da vida. Mas o oposto é possível também: uma religião intolerante, presa aos aspectos externos, rígida, focada aos apegos, digamos assim. Parece claro que a primeira alternativa é mais saudável psicologicamente.

A proximidade da morte é uma situação especial no que diz respeito à elaboração de significados religiosos: a pessoa é colocada de forma aguda diante da realidade última e dos significados derradeiros. O desafio aqui é aceitar a autodestruição e entregar-se em paz; a não concretização disso corresponderá a um morrer atormentado. Essa paz tem embutida nela a referência a um polo de interlocução transcendente à própria vida.

Esta pesquisa sugere uma íntima relação do desenvolvimento psicológico com o desenvolvimento religioso, um influenciando no outro. Ou, se quisermos generalizar, sugere que o desenvolvimento religioso faz parte do desenvolvimento humano integral. Tanto a maturidade humana repercute sobre a maturidade religiosa, como o contrário também pode ser afirmado.

Essa espécie de paralelismo ou de mútua inclusão, no entanto, também evidencia nosso ponto de vista nesses estudos: tocamos o religioso pelo lado de sua inserção no humano. E é por esse lado que podemos aqui avaliar seu valor.

MAURO M. AMATUZZI

Fica sugerido ainda que o grau de desenvolvimento religioso não depende da religião professada pela pessoa, e sim mais do tipo de relação que ela tem com o objeto religioso, mesmo quando esse não é explicitamente conceituado. Mas não fica excluída a possibilidade de uma religião prejudicial ao ser humano, nesse sentido que ela acarretaria limitações dramáticas ao potencial humano.

A tentativa de definir a etapa em que se encontra uma determinada pessoa, mostrou, em acréscimo, que a experiência dessa pessoa poderia enriquecer o modelo teórico em termos descritivos. Isso quer dizer que esse estudo tem um caráter exploratório e que pode ser continuamente enriquecido por novas descrições a partir de experiências religiosas ou "quase-religiosas" diferentes. Apesar disso, já foi possível perceber que pode haver "estilos" diferentes de religião pessoal e que esses estilos se prendem a etapas do desenvolvimento. De modo mais profundo poderíamos dizer, também, que a pessoa pode estar *fixada* numa etapa em virtude de bloqueios na experiência que seria própria dessa etapa. Cronologicamente, ela passa adiante, mas do ponto de vista do desenvolvimento, ela fica bloqueada. Há, pois, lugar para se falar de imaturidade religiosa.

Gostaria ainda de ressaltar dois pontos. O primeiro diz respeito ao caminho para se chegar ao vivido que interessa nessa pesquisa. Esse vivido não é algo óbvio nem mesmo para a própria pessoa que nos conta sua experiência. Para se chegar à experiência pessoal de relação com o objeto religioso, se faz necessária uma entrevista em profundidade. Dificilmente um simples questionário chegaria lá. É necessário progressivamente mobilizar o sujeito para que ele chegue ao que se quer pesquisar. A estratégia que foi aqui utilizada em muitas das coletas de história religiosa fica, assim, justificada.

Finalmente, mais pesquisa parece necessária quando consideramos o grau de significância que pode ter para a pessoa uma

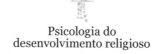

experiência religiosa forte, experiência de conversão. Se por conversão entendermos um assumir pessoal do que era antes impessoal (seja na mesma tradição religiosa, seja na descoberta de uma tradição mais fortemente significativa), então, a etapa que mais bem corresponde a isso é a do jovem adulto, como vimos. No entanto, não podemos fixar um lugar rígido para ela, dessa forma. Conversões ou experiências religiosas marcantes, ou até extraordinárias, podem ocorrer em qualquer idade e, na medida em que forem reviravoltas muito significativas, elas são de natureza a refazer em curto tempo etapas mal cumpridas antes da experiência. Elas podem, portanto, de certa forma, reconstruir psicologicamente o que deixou de ser construído em etapas anteriores.

Há, sem dúvida, espaço para que a pesquisa aqui relatada possa ser continuada também pelo estudo de relatos de conversão ou experiências fortes e transformadoras, verificando neles como aparecem as etapas do desenvolvimento religioso.

CAPÍTULO 9
ORIENTAÇÃO ESPIRITUAL E PSICOTERAPIA

O que me proponho neste último capítulo é apresentar algumas reflexões sobre a questão do atendimento pessoal quando este tem que lidar com a experiência religiosa da pessoa. São, pois, considerações que se voltam para o que se poderia chamar de "ministério do conselho" ou "acompanhamento espiritual" no terreno propriamente religioso, mas também para a prática de um profissional da Psicologia quando ele se depara com questões de ordem religiosa.

Antes de mais nada, é importante enxergar com clareza a existência de dois campos: um é o que denominaríamos de maneira genérica de *orientação religiosa* (orientação ou acompanhamento espiritual, aconselhamento religioso ou pastoral etc.); outro é o que se refere ao *atendimento psicológico* propriamente dito (consulta, orientação psicológica, psicoterapia, por exemplo). No primeiro caso, o orientador tem uma vivência religiosa pessoal no interior de uma determinada tradição e atua baseado nos princípios religiosos ou espirituais dessa tradição. No segundo, o profissional tem uma formação científica específica e atua baseando-se em princípios confirmados pela psicologia como ciência. No primeiro caso o agente é um padre, pastor, rabino ou um leigo com formação para isso; no segundo caso, o agente é um psicólogo ou um médico psicoterapeuta, por exemplo.

Essas duas práticas podem em parte se misturar. Isso acontece quando o agente da ajuda confunde os dois campos. Por exemplo, quando o psicoterapeuta dá conselhos ou emite julgamentos a partir de sua tradição religiosa; ou então quando o orientador religioso usa técnicas específicas do campo psicológico sem estar para isso preparado. É claro que nos dois casos estamos diante de condutas antiéticas. Mas essa mistura parcial acontece também quando o orientador religioso usa sua sensibilidade psicológica no diálogo com o orientando, ou quando o profissional da psicologia usa sua abertura para o espiritual para melhor compreender a presença dessa dimensão em seu cliente. Aqui não temos nada de antiético; até pelo contrário, são posturas recomendadas. É preciso, pois, ter claro em que se baseia a especificidade de cada uma dessas práticas: de um lado, orientações para o desenvolvimento espiritual pessoal construídas ao longo de toda uma história coletiva de pessoas experiencialmente envolvidas com uma tradição religiosa ou espiritual, e, de outro lado, orientações cientificamente fundadas, construídas ao longo de anos de pesquisa psicológica. De um lado, experiências pessoais que se somam; de outro, pesquisas científicas. Se tenho uma questão religiosa ou espiritual e quero resolvê-la sem sair desse campo, devo procurar um orientador religioso; se tenho uma questão de ordem psicológica, uma necessidade de me conhecer melhor a partir de algumas insatisfações pessoais, por exemplo, devo procurar um atendimento psicológico. E certamente é possível pensar ainda na

conveniência de os dois tipos de agente estarem trabalhando em colaboração num determinado caso. Por mais confusas e indiscriminadas que possam ser as queixas ou as demandas, os dois campos se diferenciam nitidamente, e a primeira tarefa do orientador ou do psicólogo será certamente a de clarear de que se trata, ou se a pessoa procurou o agente certo, ou se deve haver a colaboração do padre ou pastor com o psicólogo, por exemplo, ou vice-versa.

É preciso levar em conta ainda que, no atendimento psicológico propriamente dito, algumas vezes, e não raras, pode ser necessário que o profissional vá além da compreensão da pessoa e do apoio dado a ela, e mesmo vá além da análise voltada para as causas psicológicas do comportamento problemático, e se lance, sempre juntamente com a pessoa, na aproximação aos valores vividos subjacentes a toda questão trazida e na compreensão dos sentidos aí envolvidos. Em outras palavras, será preciso que ele ajude a pessoa a ver com clareza a opção que está por trás e sustenta o comportamento que é objeto de sua queixa ou preocupação, e, ao mesmo tempo, ajude a pessoa a tocar os movimentos interiores que são nela a mola propulsora de sua busca. Fazer isso já supõe uma visão de ser humano que não seja reducionista, isto é, que inclua a dimensão espiritual pela qual se compreendem as escolhas e as buscas da pessoa.

Até onde, então, pode ir o psicólogo, atuando profissionalmente, quando se depara com questões de ordem religiosa ou espiritual? Uma posição muito difundida consiste em dizer que ele deve evitar tais questões, silenciando quando elas aparecem, ou mesmo dizendo claramente ao cliente que tais questões ficam fora do âmbito psicológico e que ele, psicólogo, não pode se pronunciar a respeito. Essa posição aparentemente respeitosa, no fundo não o é. Se ao cliente é facultado falar sobre qualquer assunto que ele pessoalmente considere relevante, e se é um direito dele contar sempre com a atitude aberta e compreensiva do profissional, o fato de esse silenciar quando se trata de assunto religioso, pode significar, para o cliente, uma reprovação, ou mesmo um julgamento velado de que essas vivências não são importantes para o processo terapêutico de ressignificação de vida, e que, portanto, ele não deveria se ocupar com isso em sua vida concreta. É evidente que tal postura está pressupondo uma tomada de posição teórica acerca da visão de homem que norteia o atendimento. Afinal, devemos ou não admitir que a dimensão espiritual (na qual se enraízam prováveis experiências religiosas) faz parte essencial do homem?

Alguns psicólogos, como Jung e Frankl, por exemplo (e eu gostaria de me situar nessa maneira de pensar), acreditam que sim, e vão até mais longe: veem nessa dimensão espiritual a raiz última de muitos problemas psicológicos que aparecem no consultório. Isso, no entanto, não significa que a Psicologia deva se pronunciar sobre as formas concretas que toma a realização dessa dimensão no plano religioso, por exemplo. Ou seja, a visão de homem que proponho aqui é a que inclui a dimensão espiritual como parte essencial da natureza humana concreta, dimensão essa que é diferente da estritamente psicológica, embora tenha uma influência sobre ela e provavelmente também possa ser influenciada por ela. O psicólogo não trata diretamente do espírito, mas, sim, das repercussões psicológicas das decisões espirituais. Cabe a ele ajudar o cliente a identificar, por exemplo, suas reais tomadas de posição no campo dos valores ou de sua orientação de vida, e compreender a relação delas com seus comportamentos costumeiros, possibilitando, assim, uma revisão de suas decisões básicas. E, mais importante do que isso, cabe a ele ajudar a pessoa a tocar em suas exigências mais radicais, aquelas que são inscritas em sua natureza e que se manifestam em suas aspirações e buscas. Muitas vezes o psicólogo se restringe a trabalhar na identificação de causas para o comportamento problemático, esquecendo-se de que o que faz a pessoa reorientar sua vida desencadeando seu dinamismo próprio, não é tanto saber das causas que se escondem no passado de seus comportamentos, mas sim tomar consciência do significado de suas escolhas e tocar suas exigências básicas de ser humano, como são vividas por ela. É essa consciência que lhe dá recuo e impulso suficiente para poder redefinir seu comportamento.

Em suma, não cabe ao psicólogo apenas ouvir silenciosamente as manifestações da dimensão espiritual ou religiosa da pessoa que o procura. É preciso que ele abra as portas para um exame de como esse modo de ser repercute em sua vida cotidiana e em seus modos de enfrentar seus desafios; e, mais do que isso, que ele abra as portas para uma apropriação dos apelos intrínsecos à sua natureza. Isso poderá ter como consequência, não necessariamente um abandono da adesão a uma tradição religiosa, mas sim, certamente, uma mudança no modo de ser religioso no interior daquela mesma tradição. O psicólogo não deve temer isso, pois é isso o que significa facilitar o processo de amadurecimento mesmo quando está intimamente relacionado com vivências religiosas. Mas todo este livro procura mostrar que existe um desenvolvimento religioso, e que ele pode ser visto com proveito sob o prisma da psicologia. E mais, que o desenvolvimento psicológico interage com o espiritual.

É claro que tal proposta pressupõe que o psicólogo tenha algum dia enfrentado os desafios existenciais de sua própria dimensão espiritual, pela mediação ou não de suas expressões religiosas. E mais: será preciso que ele compreenda e aceite a multiplicidade de caminhos que podem existir nesse campo. Infelizmente, parece claro que essas indagações experienciais têm ficado muito ausentes da formação do psicólogo. Por isso mesmo compreende-se a preocupação de algumas pessoas, cujos problemas estão em íntima relação com sua vivência religiosa, de saber se o profissional que elas procuram está ou não qualificado para acompanhá-lo na revisão de vida a que ele se propõe. Essa preocupação me parece atualmente mais do que justa.

Coisa parecida pode-se dizer da orientação propriamente religiosa. É necessário que o orientador (pastor, padre, leigo qualificado) não apenas tenha um conhecimento abstrato, desvinculado de seu viver, sobre os caminhos descritos por sua tradição. É indispensável que ele tenha, além disso, uma experiência pessoal de trilhar esses caminhos. É claro que essa experiência pode não ser muito grande, mas é necessário que ela minimamente exista e em movimento, o que equivale a dizer que o orientador precisa estar em busca ativa de desenvolvimento pessoal no campo religioso no interior de sua tradição.

É claro que muito mais se poderia dizer sobre a ajuda ao desenvolvimento religioso, seja por religiosos, seja por profissionais da Psicologia. Este livro procurou mostrar que a questão é válida, que existe um caminho que pode ser descrito em suas linhas gerais para esse desenvolvimento, e que esse caminho tem muito a ver com o desenvolvimento integral do ser humano. Se ele vier a suscitar mais pesquisas, trocas de experiências e elaborações teóricas, certamente terá cumprido sua missão.

REFERÊNCIAS BIBLIOGRÁFICAS

ALBOM, M. *A última grande lição – o sentido da vida*. 9ª ed. Rio de Janeiro: Sextante (*copyright* de 1997), 1998.

AMATUZZI, M.M.; ECHEVERRIA, D.F.; BRISOLA, E.B.; GIOVELLI, L.N. *Psicologia na comunidade: uma experiência*. Campinas/SP: Ed. Alínea, 1996.

AMATUZZI, M.M. *Retratos da vida: caminhos de crescimento e ajuda*. 2ª ed. São Paulo: Ed. AM, 1988 (a 1ª ed., com o título *Crescimento e ajuda: veredas em psicologia*, pela Cortez editora, é de 1980).

_____. Apontamentos acerca da pesquisa fenomenológica. *Estudos de psicologia* (Campinas), 13(1), 1996, pp. 5-10.

_____. A experiência religiosa: uma leitura de Martin Buber. *Estudos de psicologia* (Campinas), 13(3), 1996, pp. 63-70.

_____. A experiência religiosa: busca de uma definição. *Estudos de psicologia* (Campinas), 15(1), 1998, pp. 49-65.

_____. A experiência religiosa: estudando depoimentos. *Estudos de psicologia* (Campinas), 15(2), 1998, pp. 3-27.

MAURO M. AMATUZZI

_____. Desenvolvimento psicológico e desenvolvimento religioso: uma hipótese descritiva. Em: MASSIMI, M.; MAHFOUD, M. (orgs.) *Diante do mistério*. São Paulo: Loyola, 1999, pp. 123-140.

_____. Religião e sentido de vida: um estudo teórico. *Temas em psicologia* (da SBP), 7(2), 1999, pp. 183-190.

_____. O desenvolvimento religioso: uma hipótese psicológica. *Estudos de psicologia*, 17(1), 2000, pp. 15-30.

_____. Desenvolvimento religioso: análise de depoimentos. *Estudos de psicologia* (Campinas), 17(3), 2000, pp. 43-60.

_____. Fé e ideologia na compreensão psicológica da pessoa. *Psicologia: reflexão e crítica* (UFRGS), n. 3, vol. 16, 2003, pp. 569-576.

_____. *Por uma psicologia humana*. 3ª ed. Campinas/SP: Alínea, 2008.

AQUINO, T. de. *Suma teológica,* 9 volumes, edição bilíngue. São Paulo: Loyola, 2006 (original latino do século XIII).

_____. *Suma teológica*. Edição bilíngue, 11 volumes. Porto Alegre: Sulina, 1980 (original latino do século XIII).

ÁVILA, A. *Para conhecer a psicologia da religião*. São Paulo: Loyola, 2007 (original em espanhol, *copyright* de 2003).

BLANK, R. *Encontrar sentido na vida: propostas filosóficas*. São Paulo: Paulus, 2008.

BRUGGER, W. *Dicionário de filosofia, organizado com a colaboração do corpo docente do colégio Berchmans de Pullach, Munique, e de outros professores,* 4ª ed. da tradução portuguesa. São Paulo: EPU, 1987 (original alemão, 9ª ed., 1957).

BUBER, M. *Encontro – fragmentos autobiográficos*. Petrópolis/RJ: Vozes, 1991.

_____. *Sobre comunidade* (M. Dascal & O. Zimmermann, Sel. e Intr.). São Paulo: Perspectiva, 1987 (originais dos capítulos, publicados em diferentes datas).

_____. *Eclipse de Dios – Estudios Sobre las Relaciones entre Religión y Filosofía*. Buenos Aires: Nueva Visión, 1984 (as conferências originais são de 1951).

_____. *Do diálogo e do dialógico*. São Paulo: Perspectiva, 1982 (originais dos capítulos publicados em diferentes datas).

CAMINO, C.P. dos S. Educação moral: doutrinação ou debate? Em: MOURA, M.L.S. de; CORREA, J.; SPINILLO, A. (orgs.) *Pesquisas brasileiras em Psicologia do Desenvolvimento*. Rio de Janeiro: Ed. UERJ, 1998, pp. 111-139.

CASSIRER, E. *Antropologia filosófica – ensaio sobre o homem: introdução a uma filosofia da cultura humana*. 2ª ed. São Paulo: Mestre Jou, 1977 (original de 1944).

CLÉMENT, C. *A viagem de Théo – o romance das religiões*. São Paulo: Companhia das Letras, 1998 (*copyright* de 1997).

EIGENHEER, A.L.Q.T. *A vivência motivacional em trajetórias de trabalho: um estudo fenomenológico*. Dissertação de Mestrado. Curso de Pós-Graduação em Psicologia Clínica, Pontifícia Universidade Católica (PUC-Campinas). Campinas/SP, 2002.

ELLWOOD, R.S. "Religious Experience" and Socialization: A Response to David Hay. Em: *The International Journal for the Psychology of Religion*, 4 (1), 1994, pp. 25-28.

ERIKSON, E.H. *O ciclo de vida completo*. Porto Alegre/RS: Artmed, 1998 (original americano).

FOWLER, J. *Estágios da fé: a psicologia do desenvolvimento humano e a busca de sentido*. São Leopoldo: Sinodal, 1992 (original em inglês, publicado em 1981).

FRAAS, H. J. *A religiosidade humana: compêndio de psicologia da religião.* São Leopoldo/RS: Sinodal, 1997 (original alemão, *copyright* de 1990).

FRANKL, V.E. *Em busca de sentido: um psicólogo no campo de concentração,* 2ª ed., São Leopoldo/RS: Sinodal; Petrópolis/RJ: Vozes, 1991.

FRIEDMAN, M. *Encuentro en el Desfiladero – La Vida de Martin Buber.* Buenos Aires: Planeta, 1993 (original em inglês, *copyright* de 1991).

FROMM, E. *Análise do homem.* 9ª ed. Rio de Janeiro: Zahar, 1974 (original de 1944).

GAARDER, J.; HELLERN, V.; NOTAKER, H. *O livro das religiões.* São Paulo: Companhia das Letras, 2000 (*copyright* de 1989).

GAUQUELIN, M. & F. (orgs.) *Dicionário de Psicologia.* Lisboa/São Paulo: Verbo, 1980 (original publicado em 1971).

GIORGI, A. Sketch of a Psychological Phenomenological Method. Em: GIORGI, A. (ed.) *Phenomenology and Psychological Research.* Pittsburgh/PA: Duquesne University Press, 1985, pp. 8-22.

GOBBI, S.L.; MISSEL, S.T. (orgs.) *Abordagem centrada na pessoa: vocabulário e noções básicas.* Tubarão: Ed. Universitária UNISUL, 1998.

HAY, D. "The Biology of God": What is the Current Status of Hardy's Hypothesis? Em: *The International Journal for the Psychology of Religion,* 4(1), 1994, pp. 1-23.

HELMINIAK, D.A. Scientific spirituality: the interface of Psychology and Theology. Em: *The International journal for the Psychology of Religion,* 6(1), 1996, pp. 1-19.

HUSSERL, E. *Edmund Husserl. Investigações lógicas. Sexta investigação (Elementos de uma elucidação fenomenológica do conhecimento).* São Paulo: Nova Cultural (coleção: Os Pensadores), 2005 (original alemão de 1920).

JAMES, W. *As variedades da experiência religiosa – um estudo sobre a natureza humana*. São Paulo, SP: Cultrix, 1991 (original americano de 1902).

JUNG, C.G. *O eu e o inconsciente*. Petrópolis: Vozes, 1979 (Obras Completas de C.G. Jung, vol. 7, T. 2) (original de 1934).

LADRIERE, J. Le discours théologique et lê symbole. Em: *Revue dês Sciences Religieuses*, 49. Universidade de Strasbourg (1-2), 1975, pp. 116-141.

LIBÂNIO, J.B. *Fé*. Rio de Janeiro: Zahar (coleção: Filosofia, passo a passo), 2004.

MAHFOUD, M. Uma concepção fenomenológica de experiência religiosa. Em: SALUS (Associação para a Saúde, Núcleo Salus Paulista), *A psicologia e o senso religioso: anais do seminário*. Ribeirão Preto - SP, 14 e 15 de março, 1997, pp. 17-28.

MASLOW, A. *Introdução à psicologia do ser*. Rio de Janeiro: Eldorado, 1970 (coletânea de textos do autor, da qual o mais recente é de 1963).

MASSIMI, M.; MAHFOUD, M. (orgs.) *Diante do mistério*. São Paulo: Loyola, 1999.

MERLEAU-PONTY, M. *Fenomenologia da percepção*. São Paulo: Livr. Freitas Bastos, 1971 (original francês de 1945).

MESLIN, M. *A experiência humana do divino – fundamentos de uma antropologia religiosa*. Petrópolis/RJ: Vozes, 1992 (Original francês, *copyright* de 1988).

MUCHIELLI, A. *Les Méthodes Qualitatives*. Paris: P.U.F. 1991.

OSER, F.K.; REICH, H. (Instituto Pedagógico da Universidade de Friburgo, Suíça). Psychological perspectives on religious development. Em: *World Psychology*, 2 (3-4), 1996, pp. 365-396.

PAIVA, G.J. de (org.) *Entre necessidade e desejo – diálogos da psicologia com a religião*. São Paulo: Loyola, 2001.

PIAGET, J. *Seis estudos de psicologia*. Rio de Janeiro: Forense-Universitária, 1967 (original em francês).

RAHNER, K. *Curso fundamental da fé. Introdução ao conceito de cristianismo.* São Paulo: Paulus, 1989 (original alemão de 1984).

ROGERS, C. Teoria e Pesquisa. Em: ROGERS, C.; KINGET, M. *Psicoterapia e relações humanas,* vol. 1. Belo Horizonte/MG: Interlivros, 1975, pp. 143-282 (original americano-francês de 1962).

ROGERS, C.; WOOD, J.K.; O'HARA, M.M.; FONSECA, A.H. *Em busca de vida – da terapia centrada no cliente à abordagem centrada na pessoa.* São Paulo: Summus, 1983.

RYCROFT, C. *Dicionário crítico de psicanálise.* Rio de Janeiro: Imago, 1975 (original inglês publicado em 1968).

SEGUNDO, J.L. *A história perdida e recuperada de Jesus de Nazaré – dos sinóticos a Paulo.* São Paulo: Paulus, 1997 (original publicado em 1991).

SCHILLEBEECKX, E. *História humana: revelação de Deus.* São Paulo: Paulus, 2003 (original holandês de 1989).

SHAFRANSKE, E.P. (edit.) *Religion and the Clinical Practice of Psychology.* Washington/DC: American Psychological Association, 1996.

TAMMINEN, K. Religious Experiences in Childhood and Adolescence: A Viewpoint of Religious Development Between the Ages of 7 and 20. Em: *The International Journal for the Psychology of Religion,* 4(2). Univ. of Helsinki, 1994, pp. 61-85.

TOMKA, M. A fragmentação do mundo das experiências na época moderna. Em: *Concilium,* 271(3), 1997, pp. 11-27 [387-403].

VALENTINI, V. O senso religioso na perspectiva de Luigi Giussani. Em: SALUS (Associação para a Saúde, Núcleo Salus Paulista), *A psicologia e o senso religioso: anais do seminário.* Ribeirão Preto/SP, 14 e 15 de março, 1997, pp. 59-66.

VAN der LEEUW, G. *Fenomenologia de la Religion.* México: Fondo de Cultura Económica, 1964 (original, 2ª ed., publicado em 1956).

VAZ, H. de L. *Escritos de filosofia: problemas de fronteira.* São Paulo: ed. Loyola, 1986.

WULFF, D.M. The Psychology of Religion: An Overview. Em: SHAFRANSKE, E.P. *Religion and the Clinical Practice of Psychology.* Washington/DC: American Psychological Association, 1996, pp. 43-70.

Esta obra foi composta em CTcP
Capa: Supremo 250g – Miolo: Pólen Soft 80g
Impressão e acabamento
Gráfica e Editora Santuário